CURA VIBRACIONAL
PRÁTICA

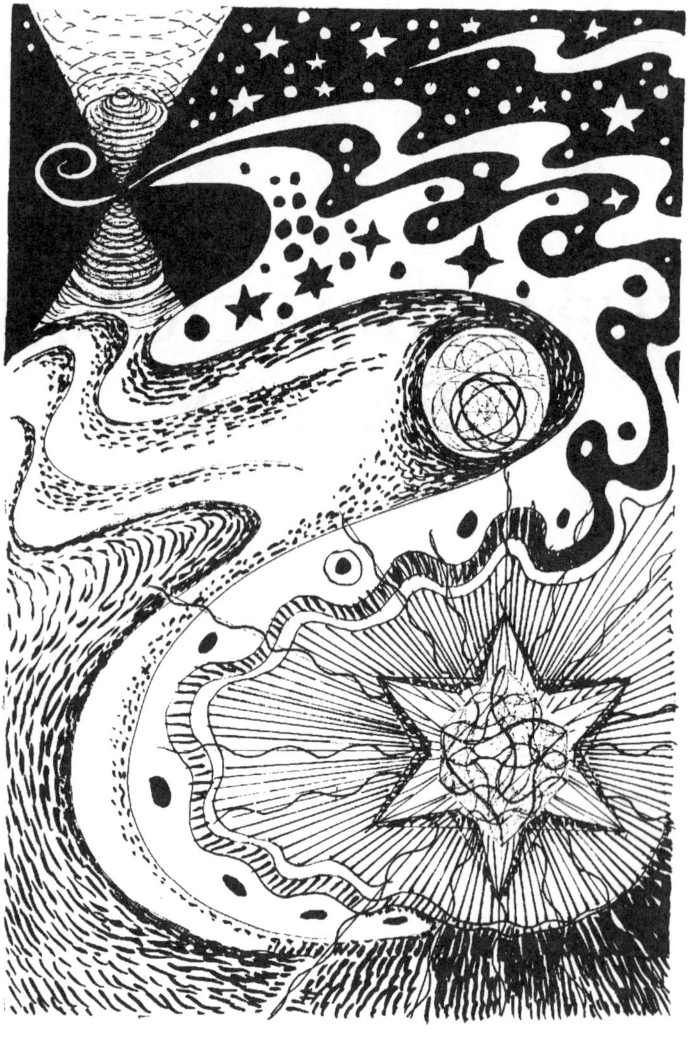

ROWENA PATTEE KRYDER

CURA VIBRACIONAL PRÁTICA

Entre em Sintonia com o seu
Poder de Cura Interior

Tradução
Denise de C. Rocha Delela

Revisão técnica
Adilson da Silva

Editora Pensamento
SÃO PAULO

Título original: *Vibrational Healing Cards*.

Copyright © 1997 Rowena Pattee Kryder.
Copyright da edição brasileira © 2008 Editora Pensamento-Cultrix Ltda.

2ª reimpressão 2022.

Todos os direitos reservados. Nenhuma parte deste livro pode ser reproduzida ou usada de qualquer forma ou por qualquer meio, eletrônico ou mecânico, inclusive fotocópias, gravações ou sistema de armazenamento em banco de dados, sem permissão por escrito, exceto nos casos de trechos curtos citados em resenhas críticas ou artigos de revistas.

A Editora Pensamento não se responsabiliza por eventuais mudanças ocorridas nos endereços convencionais ou eletrônicos citados neste livro.

Dados Internacionais de Catalogação na Publicação (CIP)
(Câmara Brasileira do Livro, SP, Brasil)

Kryder, Rowena Pattee
 Cura vibracional prática : entre em sintonia com o seu poder de cura interior / Rowena Pattee Kryder ; tradução Denise de C. Rocha Delela. 2. ed. — São Paulo : Editora Pensamento, 2022.

 Título original: Vibrational healing cards.
 ISBN 978-85-315-2222-2

 1. Cura 2. Energia vital - Uso terapêutico 3. Vibração (Terapêutica) I. Título.

22-113928 CDD-615.851

Índices para catálogo sistemático:
1. Cura vibracional : Terapias mentais : Ciências médicas 615.851
Cibele Maria Dias - Bibliotecária - CRB - 8/9427

Direitos de tradução para a língua portuguesa
adquiridos com exclusividade pela
EDITORA PENSAMENTO-CULTRIX LTDA.
Rua Dr. Mário Vicente, 368 — 04270-000 — São Paulo, SP
Fone: (11) 2066-9000
E-mail: atendimento@editorapensamento.com.br
http://www.editorapensamento.com.br
que se reserva a propriedade literária desta tradução.
Foi feito o depósito legal.

Sumário

Introdução   9

Leituras, visualizações e afirmações   18

Introdução ao Caminho de Cura e Mapas   146

Leituras do Caminho da Antiga Terra   156

Leituras do Caminho da Nova Terra   173

Planos entre a Antiga Terra e a Nova Terra   188

Este trabalho é dedicado à Consciência Una Infinita, presente em todos os seres, inclusive nos mencionados abaixo:

Folhas de grama, besouros, abelhas, pássaros, insetos, estrelas, luas, vermes, estações, árvores, moscas, pedras, oceanos, montanhas, fogo, ar, água, terra, espíritos elementais, átomos, moléculas, células. Danny Abel, Crystal Adams, Roe Adams, Robert Aiken, Omram Mikael Aivanov, Joel e Serafina Andrews, Joe Campbell, Joyce Cochran, Cathy Colman, Dominie Cappadonna, Irmã Mirium Clare, Dale Clark, Flora Courtois, Roger Davis, Howard Dugan, Sanje Elliott, Wally e Julianne Everett, Aroshyn Gebrandzen, Irina Harford, John Haugse, Ruth-Inge Heinze, Shanja Kirstann, Eleanor Kryder, Mark & Sandy Kryder, Dick e Karen Kryder, Charlie Leary, Roger & Jeanne Long, Richard Lucas, Ana Holub, Anne & Hank Maiden, Randy Masters, Avon Mattison, Ralph Metzner, Anita Rui Olds, Laurence Ostrow, Irmã Palmo, Vaughn Perret, Barbara Pettee, Rocco, Alma Rose, Will & Kalima Sawyer, Sylvia & Lawrence Schechter, Rupert Sheldrake, Mark & Karen Sullivan, Shunyata, Shunryu Suzuki Roshi, Tat, Diana Vandenberg, Jack Wilkinson, Miles Wilkinson, Joy & Leonard Williamson, Howard Wills, Acrissa Laughing Wolf, Fred Alan Wolf, Jack & Patty Wright, Devas, Anjos, Arcanjos, Deusas, Deuses, espíritos, seres estelares, fantasmas, demônios, Mestres Ascensionados, Conselhos Divinos, Deus

e muitos outros... todos dentro da Luz-Amor Única.

Introdução

Cura Vibracional Prática contém uma série abrangente de 64 formas seminais cuja vibração, ao despontar na consciência, pode intensificar a atividade dos nossos chakras, além de curar e purificar energeticamente os nossos veículos sutis.

Todos nós estamos doentes, uma vez que nos identificamos com a idéia de que somos, cada um de nós, um eu separado. A palavra "Eu" cria uma separação em relação ao "outro", iniciando uma divisão em polaridades que se torna cada vez mais complexa à medida que nos apegamos a qualquer um dos opostos: interior e exterior, bem e mal, eu e você, verdadeiro e falso, etc. Todas essas polaridades criam uma tensão vibratória semelhante a uma corda de violão, que "vibra" cada vez que é dedilhada pela nossa consciência. As tensões entre os opostos de fato criam uma vibração inconsciente, através do corpo físico e dos corpos sutis (etérico, astral, mental, espiritual), que atua ininterruptamente na nossa vida, num nível subliminar. São essas tensões vibracionais – conscientes ou inconscientes – que vivenciamos como alegria e tristeza, paz e conflitos, saúde e doença.

A Palavra divina é vibração. A lei da vibração ou da harmonia rege as influências sobre a alma e sobre o corpo neste mundo. Num nível mais concreto, as leis vibracionais do som, do eletromagnetismo, da gravidade e da física subatômica mostram como a lei universal da vibração se manifesta no mundo físico.

As leis da vibração atuam nos planos mais sutis e elevados do ser por meio de estados de consciência variados. As vibrações atuam por meio de padrões. Tudo neste mundo vibra. A força do pensamento é uma vibração poderosa. E a alma se manifesta em vibrações de diferentes níveis de refinamento. Nosso Eu verdadeiro não é o corpo, muito embora as vibrações criem harmonia ou desarmonia no corpo, um veículo temporário que usamos para praticar a descoberta da essência do nosso ser.

A doença é resultado da desarmonia dos nossos vários veículos e/ou de uma parte ou órgão do corpo com relação ao todo. Imagens, pensamentos e sentimentos são os modos pelos quais as crenças são armazenadas e expressas. Imagens, pensamentos e sentimentos reprimidos precisam vir à tona para que possam ser apagados ou desarraigados. Esses padrões reprimidos têm em sua raiz o karma (colhemos o que plantamos), que também é regido pelas leis da vibração. O karma pode ser transmutado e expurgado por meio da mudança nas vibrações.

A Unidade da Luz-Amor

Qualquer efeito terapêutico que você possa obter com estas cartas só ocorrerá se a sua consciência e a vibração básica da carta selecionada se tornarem uma coisa só e transferirem-se para a Fonte Una, a Luz-Amor de onde procede toda cura. Isso não significa que a carta faça a cura, mas que ela é um padrão capaz de proporcionar uma "passagem" para a Fonte Una, esta sim capaz de curar. Essa Fonte Única, indefinível, eterna, ilimitada, é a própria Unidade.

Expressar a Unidade Primordial em palavras é na verdade impossível! No entanto, como afirmava Chuang Tsé, "As palavras não são mero ar expirado. Elas têm significado... As palavras não são como o piado dos passarinhos". Ele continua, dizendo, "A princípio, o

Tao não tinha nome. As palavras não são eternas. Por causa das palavras existem distinções". Na época e na cultura de Chuang Tsé, a palavra "Tao" era usada para designar algo que estava além das palavras, assim como eu uso as palavras Unidade, Fonte Una e Luz-Amor.

Na condição de seres humanos com corpo, psique, mente e espírito, crescemos em famílias e culturas condicionadas que limitam a nossa capacidade de receber a unidade primordial. O condicionamento nos leva a fazer julgamentos, juízos de valor e escolhas. Esse conflito vibracional e esse acúmulo de tensão, ambos necessários, fazem parte da nossa experiência espaço-temporal. Mas, depois de passar pelo teste do estado dual, é possível tomar consciência dessa condição e libertar-se dela, amenizando o apego por ambos os lados da polaridade e atingindo a cura.

Eu chamo a Unidade primordial de Luz-Amor, que é indivisa, eterna e inerente a todos os fenômenos do universo. A Luz-Amor está no nosso corpo. Somos feitos basicamente dela, que abarca a polaridade luz e sombra, amor e ódio, e todas as outras polaridades. Da nossa perspectiva condicionada da polaridade, a Luz-Amor parece um vácuo, um nada. As tensões vibracionais que compõem os nossos corpos sutis e físicos deixam de existir nesse vácuo, que é também Luz-Amor. Ficamos num estado de consciente descontração quando se afrouxam as tensões entre as polaridades.

Aquilo que denomino Luz-Amor é uma experiência direta, vivenciada quando a nossa consciência – o nosso ser – se revela como algo que transcende e ao mesmo tempo abarca a dualidade. As experiências da vida nos conduzem a esse estado de Graça. Às vezes é só por meio de "duros golpes" – doença, morte de um ser amado, agressões, perdas financeiras – que a nossa atenção é desviada para o sofrimento, a ponto de mudar a nossa consciência. Podemos então elevar a nossa percepção até um estado não-dual de consciência e receber a Luz-Amor. Ou então podemos escolher conscientemente ser receptivos à nossa fonte divina – a Unidade primordial. A recepção da Luz-Amor é ela própria uma Graça divina e o início da cura holística.

O mais provável é que vivenciemos a cura em camadas, ao longo de um período de tempo, mas a sua fonte – a Luz-Amor – não sofre as limitações do espaço-tempo. Quando as tensões vibracionais diminuem – do nível causal até o mental, astral, etérico e físico –, a polaridade dos nossos desejos e medos também é amenizada; e tudo com que nos identificávamos antes se torna vácuo. A cura, em outras palavras, pode ser vivida como desorientação – pois as tensões com que estávamos familiarizados diminuem, e a tendência que temos de nos ater e nos apegar às coisas, situações e pessoas se desvanece.

Cada uma das 64 Cartas de Cura Vibracional tem um padrão único de vibração. Em conjunto, elas abarcam desde a vibração espiritual mais elevada, passando pela psique, o corpo e a mente, até os quatro reinos da natureza e certas vibrações socioculturais. Cada carta serve especificamente para uma determinada qualidade – como uma melodia ou série de acordes – do nosso campo de experiências e ainda mantém a tensão em equilíbrio e harmonia. Quando meditamos sobre as suas cores e formas, a harmonização dessas qualidades torna possível a minimização das nossas fortes tensões condicionadas, crônicas e reativas. As palavras que acompanham cada carta também nos ajudam a nos abrir para a Luz-Amor e nos dá consciência de outras práticas a ela relacionadas, assim como sugestões. Em outras palavras, as cartas e suas leituras servem como mediadores vibracionais entre nossas tensões vibracionais – nossos conflitos e doenças – e a Luz-Amor, a Fonte Una.

Na Unidade primordial da Luz-Amor não existe experiência, apenas puro *Ser*. No entanto, sem a polaridade entre o eu e o outro, sujeito e objeto, conhecedor e conhecido, nós não teríamos essa experiência de tensão e luta, paixão e terror, que compõem o que costumamos chamar de vida. Mas, quando nos cansamos da luta, da doença, da confusão ou até mesmo do tédio e da apatia, é hora de parar de querer saber ou fazer, de querer alcançar ou progredir e simplesmente SER.

A complementaridade Antiga Terra e Nova Terra de cada Carta

Existe uma complementaridade em cada carta, mas não uma polaridade. Essa característica se revela nas qualidades Antiga Terra e na Nova Terra, que se compõem de palavras e símbolos impressos nas extremidades opostas de cada carta. O fato de essas palavras estarem grafadas em cantos opostos não indica que exista uma oposição entre elas, mas sim uma elevação, por parte da Nova Terra, na direção da Luz-Amor. A Antiga Terra não é algo ruim que precise ser superado, apenas um reflexo no espelho da consciência que pode acontecer num dado momento, em decorrência de condicionamentos culturais e pessoais do passado.

Por exemplo, você pode sortear a carta da Intensidade quando estiver passando por uma experiência intensa, e isso chamará a sua atenção para esse fato e lhe proporcionará uma passagem em espiral para fora dessa experiência. Mediando sobre a carta e sobre o seu significado, você pode diminuir o intenso esforço que está fazendo para que algo aconteça, para se envolver ou para viver uma paixão. Então você – o sujeito – se liberta do objeto que causou a intensidade e, em vez de se centrar em si mesmo, abre-se para a energia que está fluindo através de você como Luz-Amor. A intensidade se transforma então em entusiasmo – que não se apega a resultados ou a um objeto, e vibra harmoniosamente com o que está realmente acontecendo. A energia do ser pode responder à Luz-Amor e se tornar una com ela, em alguma situação cotidiana com a qual você possa se entusiasmar.

Se você, portanto, pegou uma carta cuja primeira orientação tenha sido o entusiasmo, você pode meditar sobre ela como a vibração de cor e forma que reflete o seu estado de abertura e abrangência. Você pode ir se fundindo com a Luz-Amor à medida que a sua percepção for ficando mais clara. A partir desse estado você também pode abarcar a intensidade e ter compaixão por si mesmo e pelas outras pessoas que estejam sendo intensas. Não há necessidade nenhuma de julgar a intensidade, como se ela fosse algo inferior que precise ser superado. Da Luz-Amor do entusiasmo você pode solidarizar-se com a intensidade sem se envolver com suas características de autocentramento energético nem se prender a elas. As qualidades da Nova Terra são instantâneas – abertas à Antiga Terra; enquanto as qualidades desta última precisam de tempo e espaço para se transformar nas qualidades da primeira.

Procedimento

Depois de embaralhar as cartas e cortar o monte três vezes, pegue a primeira carta do monte ou então espalhe as cartas à sua frente e sorteie uma. Repare no número e na palavra que estão diante de você (não nos que estão de ponta-cabeça), pois eles são os mais relevantes no seu caso. Agora parta para a leitura. A melhor maneira de encontrar a leitura certa é buscar o lado da carta em que está a Antiga Terra (o número mais baixo dos dois) e depois consultar o texto correspondente neste livro. A Antiga Terra segue uma seqüência de 1 a 65 e a Nova Terra, uma seqüência decrescente, de 128 a 65 (do final do livro para o seu início).

A leitura básica é um complexo sentimento-pensamento. Se possível, peça que outra pessoa leia o texto para você, enquanto você medita sobre a carta. Medite sobre as suas formas e cores, que são padrões vibracionais capazes de harmonizar vários níveis do seu ser. Concentre-se na visualização. Mais uma vez, se possível, peça que alguém leia o texto da visualização em voz alta, enquanto você se encontra em estado meditativo. Deixe que as visualizações transformem seus pensamentos e sentimentos. Diga a afirmação em voz alta. Repita-a para si mesmo ao longo do dia, à noite, antes de ir dormir, e pela manhã, quando acordar. A afirmação mantém a nossa consciência em ressonância com o Espírito divino.

Você pode imaginar o "padrão-seminal" de cada carta sendo projetado para o campo ondulatório da sua geometria única. Pode desenhar esse campo ondulatório e depois meditar de dentro dele – visualizando a sua forma ao seu redor, vibrando. Depois você pode colorir o padrão, enquanto sente a sua energia.

Cada uma das cartas e todas elas podem ser uma passagem para o seu Eu, um encontro com o Espírito divino e uma ressonância conjunta. Nós podemos compactuar com o Espírito a ponto de nos vermos livres das negações dissonantes (nascidas das formas-pensamento e dos sentimentos negativos que se tornam crenças). Precisamos reduzir nossas formas-pensamento à sua essência e liberar nossa memória celular dos antigos traumas de repressão, fúria, confusão e ilusão.

O subconsciente é a nossa criança interior e, para que sejamos pessoas inteiras, essa criança precisa se libertar da bagagem equivocada de formas-pensamento perniciosas. Quando nos dedicamos por tempo suficiente à meditação profunda sobre as formas das Cartas de Cura Vibracional, entramos num campo de vibrações que pode clarificar o nosso subconsciente e nos levar à nossa Verdade incondicional.

Pode haver uma certa resistência a princípio com relação a certas cartas. Se sentimos uma certa aversão ou atração por uma determinada forma, o mais provável é que não estejamos em equilíbrio e harmonia com as nossas mentes consciente e subconsciente, no que diz respeito a essa área. A supraconsciência ou Espírito cuida de si mesmo. A sua presença se apresenta como Luz-Amor quando nós nos livramos do que não é essencial.

A liberação do sofrimento é mais fácil do que nossos padrões habituais e nossas crenças inconscientes "pensam" que é. Vamos abrir a nossa consciência para receber a cura em todos os níveis; para isso precisamos ter confiança. O "futuro" não será igual ao "passado". Nós podemos escolher, a cada momento, como queremos viver a nossa vida. Vamos confiar no processo. As afirmações influenciam a nossa mente subconsciente e podem nos libertar de milênios de ilusões. Confiemos em nós mesmos. Aproveitemos tudo que as Cartas de Cura Vibracional podem nos oferecer e sejamos felizes!

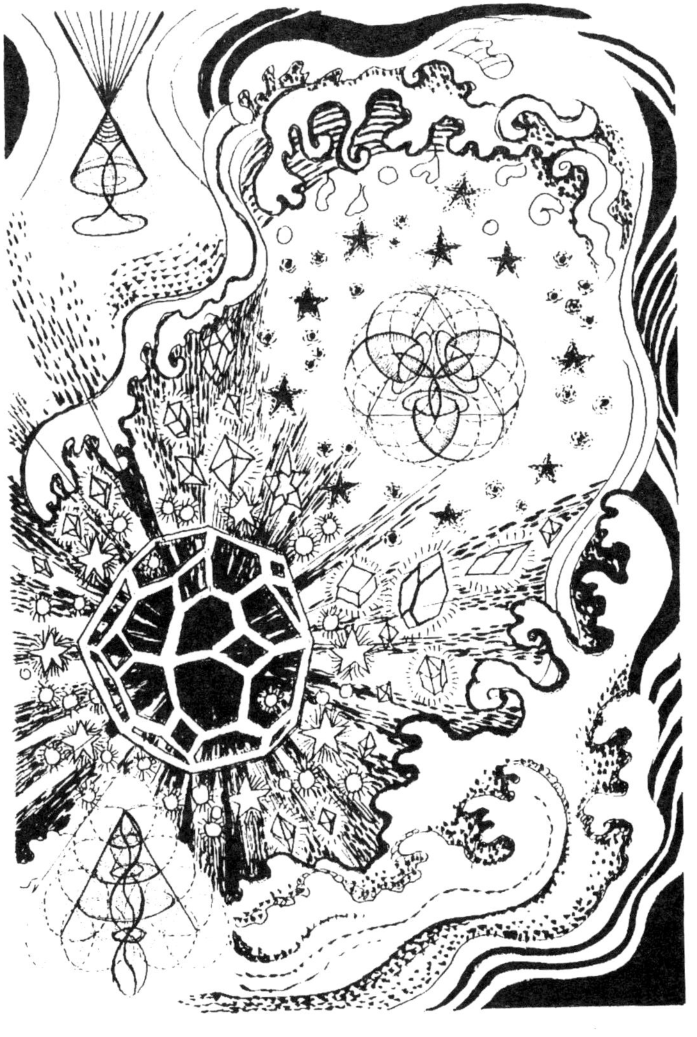

1 *Eternidade*

A sua verdadeira natureza é eterna, incorruptível, sem começo nem fim. Baseie a sua percepção na verdade do seu ser eterno, liberto em sua indescritível simplicidade. Livre-se de todas as preocupações, apegos ou pensamentos. Deixe que a natureza espontânea, ilimitada e atemporal da eternidade disperse e desvaneça todos os sentimentos ou pensamentos de limitação, de ganho ou de perda. Não trave uma batalha contra as distrações, os pensamentos ou outros seres, pois não existe nada que possa obscurecer a presença eterna da consciência indivisa. Encontre um lugar tranqüilo e fique sereno. A descontração silenciosa abre a sua percepção para o que é, e a eternidade será sua aliada.

FIQUE SERENO

Visualize e sinta a Eternidade concentrada no seu coração e depois transbordando e distribuindo-se por todo o seu ser. A Eternidade diz, "Fique sereno. Transforme qualquer energia reativa em serenidade. Respire naturalmente, num ritmo regular e fique simplesmente consciente da serenidade do seu ser. Saiba que essa é uma fonte incorruptível."

Afirmação
A todo instante, eu sinto e intuo que a eternidade está dentro de mim.

128 Compaixão

Caro bem-amado. Quando você perceber plenamente a sua unidade com todos os seres sencientes, o seu coração se abrirá para os doentes, os feridos, os desamparados e os moribundos. Essa é a grande arte e mistério de transformar veneno em remédio. Não tenha medo de ser ferido ou corrompido pelas outras pessoas, pois quando você incluir e aceitar até os seus "inimigos", o fluxo de conflito e sofrimento cessará no seu próprio ser. A compaixão não pode ser contida ou limitada, pois ela a tudo aceita de braços abertos. Quando o fluxo generoso de compaixão transborda em seu ser, a negatividade e suas raízes queimam-se como incenso no fogo e dissolvem-se como sal na água. Responda às pessoas e às situações à sua volta com amável generosidade. Na abençoada companhia de toda e qualquer pessoa, próxima ou distante, você é amor.

CUIDE-SE

Visualize e sinta a Compaixão como um elixir dourado produzido no seu próprio coração. A Compaixão diz, "Ame os vis, os enfermos e os intransigentes na mesma intensidade em que ama os belos, os saudáveis e os aprazíveis. Transmute o veneno do mundo e transforme-o em remédio no cadinho do seu coração".

Afirmação
Eu estou atento a qualquer situação que se apresente e respondo a ela com compaixão.

2 *Olho Divino*

A sua clara percepção permanece ilimitada quando você considera cada pessoa, lugar e acontecimento com equanimidade. Determine o seu foco de interesse sem apego ou julgamento e deixe que as coisas sejam como são. Testemunhe o que acontece dentro e fora de você. Liberte-se do desejo ou do ódio por qualquer coisa que seja. As suas preferências e aversões são irrelevantes agora. Simplesmente olhe e veja como a coisa é. As reações deixam de existir quando você não tem expectativas. Permaneça no fluxo da consciência pura, com um olhar sempre amplo e aberto, que aceite de bom grado o modo como as coisas são. Você não pode mudar nada até que veja aquilo que quer mudar do modo como realmente é. Fique simplesmente atento, a todo momento, e você perceberá que tudo está bem.

MANTENHA-SE ABERTO, PORÉM CONCENTRADO

Visualize e sinta o Olho Divino no terceiro olho, no centro da testa. O Olho Divino diz, "Concentre e dilate. Transforme as distrações numa concentração unidirecional. Transforme contração em abertura. Dessa perspectiva, o que lhe parece possível?"

Afirmação
Com o coração e a mente abertos,
eu vejo as coisas como elas são.

127 Em Todo Lugar

Quando você pára de se concentrar, de pensar e de prender, a sua visão pode ficar tão vasta quanto o espaço. Deixe o olhar desfocado, difuso e aberto para o desconhecido e aparentemente invisível. Olhe *em torno* das pessoas em vez de olhar *para* elas. Contemple o mistério que cerca a energia dessas pessoas em comunhão com a base de consciência que você compartilha com elas. A Luz-Amor está em todo lugar. Para contemplá-la é preciso deixar que ela brilhe através do seu ser, para que você veja as outras pessoas com amor incondicional. O espaço está em todo lugar. Perceba a indivisibilidade do espaço dentro de cada criatura, planta e pessoa. A simplicidade ilimitada do espaço no interior do seu ser irradiará a Luz cristalina para todo lugar.

CONTEMPLE A LUZ-AMOR EM TODO LUGAR

Visualize e sinta Todo Lugar como os galhos de uma grande árvore, espalhados pelo mundo, repletos de flores e frutos. Todo Lugar diz, "Pare de dar o seu poder aos outros. O elixir divino se derramará pelos recantos mais longínquos do seu mundo. Estenda aos outros a abundância que existe na sua vida e sinta a sua ligação com todos os seres".

Afirmação
A ampla aceitação me faz ver o mistério dentro e em torno de cada pessoa e acontecimento.

3 Fogo Espiritual

O seu foco pode agora energizá-lo para você sentir o fogo espiritual emanando dos seus chakras (centros energéticos sutis). Deixe a sua atenção se desviar para as áreas energéticas do seu corpo sutil à medida que você respira naturalmente, em silêncio e de modo consciente. Fique consciente de que tudo é Luz em freqüências e intensidades variadas – as árvores, as criaturas, o seu próprio corpo. Se algo o perturba, medite sobre esta carta e sinta as vibrações da Luz-Amor dentro do seu próprio ser para sincronizar o interior e o exterior e dissipar qualquer freqüência desarmoniosa. O fogo espiritual purifica e harmoniza os seus corpos sutis, trazendo paz e senso de propósito.

IRRADIE DE DENTRO

Visualize e sinta o Fogo Espiritual irradiando de todo o seu ser. O Fogo Espiritual diz, "Irradie de dentro. Transforme a passividade numa energia criativa radiante. Energize e ative todo o seu ser a partir de dentro".

Afirmação
Eu sinto o Fogo Espiritual em todas as fibras do meu ser e posso energizar harmoniosamente todos os aspectos de mim mesmo.

126 Luminosidade

Todo o seu esforço e busca extenuantes podem ficar para trás quando a Luz-Amor presente no seu ser transbordar, tornando-se incandescente. Deixe de lado todo o drama – de ser uma vítima ou um conquistador –, e perceba que tudo – células, flores, pedras ou estrelas – é Luz-Amor fulgurante. O seu próprio ser é luminosidade. Deixe resplandecer a alegria da generosidade e o seu caminho se iluminará instantaneamente, a cada momento. Pare de buscar respostas e tenha a ousadia de confiar na ampla sabedoria da Luz-Amor. Inspire luminosidade e você a expirará também. Pensamentos e sentimentos sombrios se desvanecem quando a luminosidade do ser resplandece. Não se apegue mais a idéias e valores moralistas e torne-se transparente para a Luz-Amor.

RESPIRE LUZ-AMOR

Visualize e sinta a Luminosidade como a vivificação da consciência radiante que existe dentro de você. A Luminosidade diz, "Aceite o que é sombrio, pesado, vil e isso se tornará luz por meio do seu poder de iluminar. Quando é luminoso interiormente, você não teme a escuridão. Você está conseguindo manter acesa a sua luz?"

Afirmação
Todo o meu ser se ilumina com a Luz-Amor que
orienta claramente os meus passos.

4 Coroa de Luz

Agora você pode brilhar com a inextinguível Luz-Amor. Abra mão de toda ambivalência e renda-se à Luz que permeia o seu ser e todos os mundos. Esse estado não-dual é importante para você perceber quando algo o está confundindo, atraindo ou repelindo. É você quem cria, com a sua consciência de apego, qualquer conflito que porventura vivencie. Deixe que a Luz brilhe através do topo da sua cabeça e de todo o seu ser. Não existe nada cuja origem não seja a Luz-Amor. A aura divina é vasta e profunda, transparente e infinita. Enquanto sentir atração ou aversão por alguma coisa, a Luz-Amor se esquivará de você. Concentre toda escuridão e todo conflito dentro do círculo desta Luz única que a tudo permeia.

SEJA LUZ

Visualize e sinta uma Coroa de Luz emanando da sua cabeça. A Coroa de Luz diz, "Seja Luz. Transforme o embotamento e a escuridão em luz. Sinta a radiância do seu poder criativo".

Afirmação
A minha aura é clara e brilha com a Luz divina.

125 Aurora

Com a aurora você pode anunciar a harmonia oculta da Luz-Amor que se intensifica. A aurora é o alvorecer da compaixão e da Luz que transforma todo sofrimento. Você agora pode abrir mão do positivo e do negativo, e olhar para tudo com percepção pura. As suas próprias memórias celulares de conflito e sofrimento podem ser apagadas se você meditar sobre esta carta e sentir o alvorecer da Luz-Amor dentro de si. O sol nascente da consciência amorosa dissipa todas as ilusões, mentiras e confusões. Você não pode agarrar com as mãos a Luz-Amor, mas pode recebê-la como a alvorada e anunciar a sua pureza. Que você tenha coragem de anunciar esta Luz-Amor por meio da sua própria percepção desse infinito esplendor de cura.

ANUNCIE A CHEGADA DA COMPAIXÃO

Sinta a Aurora como um alvorecer rosado no maior dos corações. A Aurora diz, "Desperte para o elixir do amor dentro de você e sinta o êxtase de amar, sendo amado ou não. Perceba que o alvorecer nasce da escuridão e sua luz a princípio é frágil e fugidia. Seja gentil consigo mesmo".

Afirmação

Estou dando início a uma vida repleta de cuidado e compaixão.

5 Fonte

A fonte é o oceano cósmico Luz-Amor do qual tudo se originou e para o qual tudo voltará. Esse reservatório inextinguível está aqui numa série de vórtices que se movem através dos seus chakras. A fonte dentro de você é Luz branca contendo vibrações ondulatórias específicas – desde a gravidade e as ondas telúricas, passando pelo calor e pelo arco-íris visível, até chegar aos raios X de alta freqüência, os raios gama e raios cósmicos. Sinta essa fonte dentro de você e tome consciência de que toda forma-pensamento nasce nesse oceano de Luz-Amor e para ele retorna, assim como as ondas do mar. Qualquer que seja a dificuldade pela qual você está passando, pode ser levada de volta para a fonte se você meditar sobre esta carta e sentir os vórtices dos seus chakras como padrões fluidos coloridos da Luz branca. Deixe que toda a sua dor e desconforto sejam revolvidos por essas rodas e você sentirá uma liberdade que não requer esforço.

ACESSE A FONTE E DEIXE-A FLUIR

Visualize e sinta a Fonte dentro de você como uma energia simples, cósmica, em turbilhão. A Fonte diz, "Germine. Transforme toda estagnação e rigidez que você possa ter em força pessoal".

Afirmação
Eu recebo inesgotável energia cósmica por intermédio do meu corpo maravilhoso.

124 Existir

Você agora pode parar de lutar, se esforçar e fazer, percebendo que a sua própria presença e a fonte são uma coisa só, e tudo que precisa ser feito se realizará sem que seja preciso nenhum esforço ou impulso autoconsciente. Por um instante, abra mão de todos os objetivos ou resultados e emerja na ilimitada presença divina. Querer fazer as coisas é uma ilusória visão autocentrada de que o universo realiza tudo por seu intermédio sem que seja preciso nenhum esforço. O sofrimento chegará ao fim quando você deixar de lado a idéia de que existe um eu que está fazendo alguma coisa. Reflita sobre a imagem posterior (a sensação visual que persiste depois de cessar o estímulo ocasionado pela imagem) desta carta até sentir o seu próprio ser expandido no espaço. O surgimento e desaparecimento da grama, da Terra, das luas e das estrelas se renovam a cada instante num estado puro de existência. Sempre novo e revitalizado, tudo o que é feito pode, portanto, ser compreendido por meio dessa presença espacial inexaurível.

SEJA SIMPLESMENTE

Visualize e sinta o Existir como um estado de comunhão. O Existir afirma, "A presença do cosmos brilha por intermédio de você. Cure todas as separações aparentes e descubra a eternidade a cada momento. Transforme o impulso e a pressão em pura aceitação da essência do seu ser, dentro de você".

Afirmação
A minha presença é, por si só, completa e me traz realização.

6 Ovo Cósmico

Você agora tem um formidável potencial para o renascimento ou para uma manifestação verdadeiramente divina. Se sentir que está prestes a explodir, perceba apenas que você está "prenhe" de algo novo. O seu eu profundo é uma semente pronta para irromper dentro de você, como uma revelação luminosa de amor. Basta manter o silêncio e a quietude interiores – mesmo em meio à agitação da vida diária. Então o mistério do ovo cósmico nascerá dentro de você. Sinta a verdade da sua silenciosa testemunha interior. Pare de tentar fazer as coisas acontecerem. A Luz-Amor que é una com todas as coisas emergirá de dentro de você no seu próprio tempo e ritmo e da maneira mais apropriada. Apenas fique presente e atento com relação ao potencial que existe dentro de você e à sua volta, à medida que as mudanças vão acontecendo na sua vida.

CONTER E IMPLODIR

Visualize e sinta o Ovo Cósmico envolvendo você como uma membrana que ao mesmo tempo protege e expressa o seu ser essencial. O Ovo Cósmico diz, "Transforme a impotência e as tendências explosivas numa implosão contida e silenciosa. Cultive uma nova maneira de viver dentro da sua concha".

Afirmação
*Eu estou cultivando uma grande idéia, sentimento ou forma
e tenho fé de que ela se concretizará.*

123 Unidade

Por meio da Luz-Amor, agora você é uno com tudo e com todos. Esteja atento à maneira como cada pensamento, palavra e ação ressoam. Esse não é um surgimento amorfo, mas a percepção da Luz-Amor Una em todos que você encontra. Essa Unidade lhe permite a constatação de que tudo de que precisa saber você saberá na hora certa. Confie si mesmo às improvisações naturais da vida. Entregue-se apenas ao Uno do qual procedem todas as respostas. Desse modo, as suas respostas às necessidades das outras pessoas serão claras, amorosas e eficazes. Deixe de lado os embates com os muitos projetos, obrigações e objetivos da sua vida. Quando você voltar à consciência da Unidade, os múltiplos aspectos da vida se harmonizarão por si sós. Você vive integralmente todos os relacionamentos por intermédio da Unidade.

CONHEÇA O OUTRO COMO O SEU PRÓPRIO EU E O EU COMO O OUTRO

Visualize e sinta a Unidade como uma tensão espacial no coração, conectando você ao vasto espectro da estrutura cósmica. A Unidade diz, "As sincronicidades simultâneas parecem lineares para as portas obscurecidas da percepção. Transforme as visões fragmentadas na consciência da sinfonia da harmonia cósmica".

Afirmação
Eu sinto e reconheço o Uno em todos os seres que encontro.

7 Movimento

Você pode agora fluir com o movimento invisível do universo, enquanto brinca com as crianças, escreve um texto, cuida do jardim ou conversa com o vizinho. Seja o que for que esteja fazendo, você pode relaxar numa expansão ou retração natural. Como a inspiração e a expiração do ar, todos os movimentos são bifásicos – sístole e diástole, dentro e fora, nascimento e morte. À medida que você vive, deixe de se identificar com um lado ou com o outro. Essa atividade unilateral só leva à dor, à frustração e à raiva. Sim, cresça, expanda-se, desenvolva-se, mas lembre-se de que, cedo ou tarde, sobrevirá a morte, a contração e o relaxamento. Tenha consciência da serenidade da Luz-Amor por trás de todos os movimentos e aprecie a dança da qual você faz parte. Perceba o Uno por trás e no interior de toda a dualidade.

MUDE E INTERAJA

Visualize e sinta o Movimento no interior das células e através de todo o seu ser. Sinta as ondas de poder dentro de você. O Movimento diz, "Transforme o isolamento em interação. Coloque em prática a sua visão do novo".

Afirmação
Eu sigo ao sabor das ondas do universo, de acordo com as minhas necessidades interiores e respostas exteriores.

122 Flexibilidade

Você pode mudar papéis, pontos de vista ou estratégias sem ficar em má situação. Sinta o todo que contém todos os relacionamentos enquanto elabora um projeto, transforma uma identidade que uma vez lhe pareceu real ou se liberta do apego a um amigo ou parente. Você pode confiar na Luz-Amor enquanto passa por uma mudança interior. A flexibilidade é a marca da confiança no essencial. Isso não significa que você precise deixar de ser quem é ou de ter personalidade. Significa simplesmente que você pode abarcar outros caminhos do universo e solidarizar-se com mais pessoas e criaturas. À medida que você explora caminhos desconhecidos com relação à oratória, aos papéis e às realizações, perceba que você se torna mais inteiro à medida que acolhe mais pessoas.

SEJA UNO COM TODAS AS COISAS

Visualize e sinta a Flexibilidade como um campo de vibrações numa alegre dança de possibilidades. A Flexibilidade diz, "Fique calmo e centrado e qualquer coisa é possível. Transforme a estática por meio da revelação do fluxo infinito. Cada momento é um jogo espontâneo de correntes energéticas cujas formas estão em constante mutação".

Afirmação
Eu confio a tal ponto na minha integridade que posso mudar meus papéis e pontos de vista.

8 Infinito

∞

Tudo o que você pensa, diz ou faz acaba voltando de alguma maneira para você, como exemplificam as curvas do número oito. Você já está no fluxo da vida. Reagir com dor ou prazer é um costume que você aprendeu. Agora você pode tomar consciência de que pensamentos estimulantes ou ressentidos de muito tempo atrás voltam para você, embora você já tenha se esquecido de onde vieram. Você também está condicionado pela dor e pelo prazer. Isso o limita, ao passo que a compreensão da realidade o abre infinitamente. A sua conexão com o grande mistério do infinito pode ser vista como um potencial para ir além do prazer e da dor, até o estado verdadeiro de aceitação do que é real. À medida que você aceita, abra espaço para o que você realmente testemunha na sua vida e aceite isso. Depois entre na Luz-Amor que existe dentro de você e, no entanto, está além de todos os condicionamentos. As marés infinitas de fluxos e refluxos continuarão a subir e descer enquanto você continua a abrir espaço para o infinito.

SOLTE E VOLTE

Visualize e sinta o Infinito dentro do seu próprio ser. Você está aberto ao mesmo tempo que flui com todas as coisas através do infinito. O Infinito diz, "Transforme a limitação em infinitas voltas. Você é abundância. Sinta as ondas do poder voltando para você infinitamente".

Afirmação
Eu me liberto da rigidez e sigo em frente confiando no fluxo da vida em seu eterno retorno.

121 Repercussão

Agora você sabe intuitivamente que o que chega até você é resultado do seu esforço ou da sua negligência. Você não precisa conhecer os resultados por antecipação, só prestar atenção no que está realmente acontecendo e parar de tentar fazer com que as coisas aconteçam. Você será verdadeiramente livre e estará seguindo o fluxo do grande mistério quando não quiser mais que nada seja diferente do que é.

Os seus relacionamentos lhe trazem informações sobre o passado, mas agora você pode viver as repercussões, vivamente presentes pelo simples amor e aceitação incondicionais. Pare de tentar mudar o "outro" assim como a si mesmo. Você não pode melhorar nada por meio do esforço e da imposição da sua vontade, mas pode revelar o que está vibrando interiormente. Esse testemunho compassivo elimina a reatividade e a confusão. A sua essência repercute através do espaço.

PARTICIPE DO MISTÉRIO

Visualize e sinta a Repercussão como o retorno das vibrações cósmicas de tudo que você enviou. A Repercussão diz, "Toda onda de expiração, sentimento e pensamento ainda está em equilíbrio e silêncio no espaço. Contemple-se no cosmos e contemple o cosmos dentro de você. Transforme lembranças isoladas numa resposta vibrante do universo dentro de você".

Afirmação
Os meus pensamentos e sentimentos são um campo de repercussões cósmicas voltando para mim.

9 Orientação Interior

A autoconfiança é como uma varinha de rabdomancia capaz de orientar você em cada momento da vida. A sua testemunha interior sabe qual é o seu destino e como você pode substituir hábitos inúteis pela capacidade pura. Simplesmente observe os seus dramas sem se identificar com eles. Oriente-se para a Luz-Amor presente dentro de você e reflita sobre o que é ser humano. Sinta a energia se avolumando interiormente à medida que você se desliga de condicionamentos, relacionamentos controladores e tarefas que lhe representam um fardo. Você tem algo a oferecer à humanidade, como uma semente que germinará em ação harmoniosa, quando aprender a sempre seguir a sua orientação interior. Às vezes você precisa tomar decisões acerca do melhor caminho a seguir. Não force nada. Deixe que a decisão amadureça naturalmente dentro de você. Confie na verdade, na orientação e no discernimento do seu guia interior.

USE O DISCERNIMENTO E ENCONTRE A DIREÇÃO

Visualize e sinta a sua Orientação Interior como a consciência que age através de você e por trás de todas as aparências. A Orientação Interior diz, "Transforme o julgamento reativo e a culpa em discernimento e na capacidade de ser abrir para a orientação mais profunda".

Afirmação
Eu estou recebendo orientação do meu Eu superior a todo instante.

120 Paz

Agora você está sentindo a sua taça de bem-estar transbordando! A paz é a calma e o equilíbrio contemplando as harmonias do mundo, enquanto você vive na Luz-Amor não-dual. Quanto mais aceitar os outros seres scientes como a si mesmo, mais paz você terá na sua vida. Embora não seja fácil testemunhar o sofrimento das outras pessoas, a sua paz interior fará despertar a Luz-Amor dentro delas. A paz é um bálsamo para todas as doenças. Não há como combater ou eliminar o sofrimento a não ser pela Luz-Amor que a tudo envolve. A paz é um abraço abençoado quando você sente uma compaixão maior por todos os seres. Cada vez que respirar, inspire Luz-Amor e retenha-a por um instante, à medida que mergulha cada vez mais fundo na paz profunda. Então tudo o que é supérfluo acabará transformado. Com uma presença pacífica você pode aconselhar os outros.

TRATE A TODOS COM CALMA E SERENIDADE E VEJA QUE TUDO ESTÁ BEM

Visualize e sinta a Paz como a flor em seu coração que você ganhou pelo cultivo da serenidade. A Paz diz, "Veja toda a vida com clareza e harmonia. A sua relação com as outras pessoas é serena e não-reativa. Transforme as reações turbulentas em gratidão e honesto testemunho. Nunca deixe de persistir com a consciência de que a paz mora dentro de você".

Afirmação
A cada dia sinto mais paz interior e aceito melhor as polaridades.

10 Coragem

Hora de ousar ou mostrar o que sabe, pois agora você tem coragem para agir com naturalidade e sem precipitação. Se você agir com base no medo ou por impulso, acabará tendo a sensação de que está sendo atacado. A verdadeira coragem é uma capacidade centrada para receber orientação e colocar em prática o que quer que precise ser feito. Não é preciso cenas dramáticas de heroísmo. O drama pessoal geralmente é uma distração para disfarçar a insegurança. Agora é hora de enfrentar qualquer fraqueza ou insegurança enquanto abençoa a si mesmo na Luz-Amor que permeia e cerca o seu ser. É preciso mais coragem para encarar as próprias deficiências e ilusões do que para vencer exércitos ou conduzir as pessoas rumo a um ideal. Deixe os conceitos e ideais de lado, pois agora você tem coragem para enfrentar o que está realmente acontecendo.

SEJA VERDADEIRO E SIGA EM FRENTE

Visualize e sinta a Coragem que habita no seu coração. A Coragem diz, "Seja verdadeiro e siga em frente. Transforme a covardia, o descomprometimento e a passividade em coragem. Coloque em prática o que você sabe que é verdade".

Afirmação
Eu tenho coragem para ser sincero comigo mesmo e agir segundo a minha inspiração.

119 Realização

Quanto mais incorporar a Luz-Amor, mais condições você terá de realizar quem você é em essência. No dia-a-dia, procure perceber que sempre que está consciente do que existe e disposto a deixar de lado os apegos, você está se realizando. Este não é apenas um eu pessoal. Pare de alimentar idéias sobre o que quer fazer. Ouça e olhe tanto o prazer quanto o sofrimento que existem na sua vida. Quanto mais permitir que a Luz-Amor permeie a sua vida diária, mais capaz você será de se realizar. Isso significa que você só precisa ser. Não significa que não precise fazer nada, mas que precisa fazer tudo com aceitação e amor. A energia da realização é um poderoso antídoto contra o sentimento de impotência ou incompetência. Cure as feridas das outras pessoas tão bem quanto as suas.

INCORPORE O NÃO-MANIFESTO NO MANIFESTO

Visualize e sinta a Realização como a recreação da sua vida de acordo com as leis da harmonia. A Realização diz, "Use o medo, a negação e a dor como fertilizantes no cultivo do seu verdadeiro eu. Transforme a vontade de fugir e a fragmentação numa sábia aceitação de si mesmo".

Afirmação
Estou realizando quem eu sou a cada momento.

11 Ordem

A ordem na sua vida está num fluxo perpétuo a partir do centro. Encontre o seu ponto zero de equilíbrio e sinta as dinâmicas da mudança se agitarem dentro de você. Você é um reservatório de memórias através das células do seu corpo. Deixe que os registros akáshicos se revelem e falem da ordem que está se renovando a cada momento. Em essência, o que está acontecendo a você é um desvelar da ordem interior do seu destino espiritual. Deixe que antigas camadas sejam retiradas de você. A Luz-Amor está presente no seu interior em todas as hierarquias ordinais. Pergunte ao seu eu superior o que é mais importante agora. Ordene a sua vida de acordo com valores mais elevados. Este pode ser o momento de "relembrar" de "vidas" sincrônicas que aparentam pertencer ao passado. Isso não causará nenhum mal caso você não se apegue nem aos aspectos positivos nem aos negativos. Observe a ordem a partir do zero – o centro de toda ordem.

FIQUE CENTRADO E PRIORIZE

Visualize e sinta a Ordem dentro de todo o seu ser e do seu ambiente. A Ordem diz, "Harmonize e preserve. Transforme a discórdia e a desorganização numa nova orientação. Veja a ordem inerente ao seu próprio corpo".

Afirmação
Estou centrado e pronto para pôr ordem na minha vida,
com base nos meus valores mais elevados.

118 Harmonia

Você pode agora harmonizar muitas situações, visões e aspectos inconciliáveis. Quanto mais exaltar a Luz-Amor Única por meio da contínua consciência do que acontece na sua vida, mais harmonia você terá. A harmonia se revela por meio dos sutis matizes dos sentimentos, observações e pensamentos. Os padrões da sua vida são uma miríade de possibilidades que podem se manifestar por meio da mera consciência. Permita-se ficar num estado de profundo encantamento pelas pessoas e acontecimentos da sua vida. Esse encantamento profundo está em comunhão com a harmonia profunda do universo – que irradia as cores das estrelas, o fulgor dos cristais e o canto dos pássaros. Nessa harmonia, você não está separado das harmonias da criação. Você pode evocar essa harmonia quando sentir que está numa situação dissonante e conflituosa. Você pode curar e ser curado.

CONTEMPLE A MAGIA E A HARMONIA DOS PADRÕES

Visualize e sinta a Harmonia como música dentro do seu corpo e do corpo da natureza. A Harmonia diz, "Sintonize as impressões akáshicas do seu passado ancestral e deixe-se ficar no presente. Busque as raízes dos seus conflitos no seu inconsciente e arranque os padrões distorcidos".

Afirmação
Eu ouço a "música" em todas as coisas e revelo a harmonia inerente a cada situação.

12 Cultura Perene

A cultura perene é uma corrente espiritual de ordem harmônica. A verdade vive para sempre – às vezes nos subterrâneos, às vezes em poços e às vezes como principal vertente. Os vórtices se originam no ápice da Luz-Amor e descem em espiral até as várias correntes culturais por meio de conselhos espirituais. Você pode estar presente nesses conselhos agora e ter acesso à percepção intuitiva de que precisa. Tenha consciência da transmissão dessa sabedoria perene e você será capaz de compartilhar esses tesouros com outras pessoas. Deixe para trás pensamentos, palavras e atitudes que interferem na Luz-Amor. Vórtices e correntes de grande cultura estão sempre à sua volta. Você só precisa ter consciência deles agora e receber essa dádiva. Seja numa conversa, cuidando do jardim ou ouvindo música, esse compartilhar da transmissão espiritual é difusão cultural.

TRANSMITA SABEDORIA

Visualize e sinta a Cultura Perene como a transmissão de sabedoria dos ancestrais espirituais por seu intermédio. A Cultura diz, "Entre em contato com a sabedoria perene e a transmita. Transforme os valores transitórios, egoístas e de curta duração em valores integrais que lhe dêem a capacidade de ser um líder para as futuras gerações".

Afirmação
Eu bebo da fonte da sabedoria perene e transmito suas
riquezas àqueles que cruzam o meu caminho.

117 Confiança

Agora você precisa confiar no desconhecido, no aspecto invisível do universo. Note como o universo "age" com perfeição sem fazer nada! As pessoas vêm e vão embora, as situações acontecem, a grama continua a crescer no verão e a morrer no inverno. A confiança é fruto de um coração consciente de que tudo está bem. O universo palpita! Você pode passar por situações difíceis, mas quando confia no cerne mais profundo do seu ser, você a supera sem precisar sofrer. Confie em si mesmo para saber o que precisa na hora certa. A realidade tem incontáveis níveis e dimensões que não precisamos conhecer. Não fique mais na defensiva, achando que precisa saber de tudo. Assim você provoca a sua própria derrota. Você é um com o universo. Confie.

TENHA FÉ NO UNIVERSO

Visualize e sinta a Confiança como uma segurança inata e um sentimento de paz no coração. A Confiança diz, "Fique consciente de que o desconhecido tem um poder muito maior do que o conhecido. Transforme a dúvida na certeza de que a fonte desconhecida tem a capacidade de regenerar todas as coisas. Saiba que tudo está bem do jeito que é".

Afirmação
Eu deixo de lado o desejo de controlar e confio no meu
ser interior e nas interações cósmicas.

13 Equilíbrio

Neste momento, é importantíssimo que você fique centrado e mantenha todos os seus projetos e relacionamentos dentro dos limites apropriados. A equanimidade é fruto da profunda auto-aceitação. Quando reconcilia os seus eus subconsciente e consciente e se aceita mais, você consegue ficar em equilíbrio independentemente das perturbações que estejam acontecendo à sua volta. A respiração profunda colabora com esse equilíbrio – especialmente quando ele está sendo posto à prova. Tome consciência de ambos os lados do seu corpo. Qual é o seu lado dominante? Direito ou esquerdo? A prática de exercícios físicos ou da yoga ajuda a ativar ambos os lados do corpo. Talvez a sua energia também seja excessivamente yang (forte, ígnea, expansiva, clara) ou yin (fraca, aquosa, contrativa, escura). Se for, faça exercícios para contrabalançar o lado dominante. À medida que entrar em equilíbrio – físico, emocional e mental –, você será capaz de aceitar cada vez mais a vida.

ENCONTRE LIMITES, ANCORE-SE E CENTRE-SE

Visualize e sinta o Equilíbrio como o centro profundo do seu ser, em meio às dinâmicas cambiantes da vida. O Equilíbrio diz, "Ancore-se e centre-se. Sinta a conexão profunda com a terra em seu corpo. Sintonize-se interiormente e todos os extremos se equilibram".

Afirmação
Eu estou vivendo em perfeito equilíbrio no que diz respeito
ao meu lado esquerdo e meu lado direito, ao meu lado
masculino e meu lado feminino.

116 Sabedoria

A sabedoria aceita todos os opostos. Não se preocupe mais em conseguir nada. Perceba que a sabedoria está dentro de você. Essa consciência é clara quando medos e desejos conflitantes são eliminados. A sabedoria está sendo revelada dentro de você como a capacidade de incorporar a presença da Luz-Amor. Como? Por meio do discernimento não-julgamentoso dos pensamentos, palavras e ações que revelam a Luz-Amor e daqueles que são reativos, autodefensivos e egoístas. Quanto mais expressar os seus sentimentos num lugar seguro, mais poderá se entregar à sabedoria que existe dentro de você. Diante da discórdia e do conflito, da doença e do confronto, continue consciente do que é, enquanto se entrega profundamente à Luz-Amor. A sabedoria requer grande paciência, humildade e simplicidade.

ACEITE OS OPOSTOS E FIQUE EQUILIBRADO

Visualize e sinta a Sabedoria como o discernimento das fontes e dos meios apropriados para obter um determinado efeito. A Sabedoria diz, "Do intangível para o tangível, o seu propósito é afetado, mas do tangível para o intangível, o seu propósito é alimentado. Transforme o apego aos resultados num manancial que você possa usar de inumeráveis maneiras".

Afirmação
Com paciência e confiança, confio na sabedoria inata
que existe dentro de mim.

14 Plano Divino

Você pode ver agora o projeto da sua energia e dos seus atos de modo mais claro. As dez direções voltam ao centro a todo momento por meio da sua força vital. Perceba a energia sutil que percorre a sua espinha, desde os pés até o topo da cabeça, como se ela fosse a coluna absoluta do seu ser. As oito direções horizontais são a arena onde tudo acontece. Deixe que os seus sonhos e estados mais profundos de subconsciência, assim como a sua consciência, revelem a você o projeto – o plano divino. Você tem um propósito na vida e as vibrações desta carta podem lhe revelar mais do que você sabe a respeito dele. Entre em contato com as energias que fluem para dentro e para fora de você e vivenciará ambas – a que recebe e pela qual é grato, e a que oferece – no grande esquema das coisas.

CONTEMPLE E PLANEJE

Visualize e sinta o Plano Divino ao seu redor como um círculo sagrado. O Plano Divino diz, "Contemple e projete. Transforme as distrações mundanas numa visão panorâmica, para que você possa se ver de uma perspectiva mais ampla".

Afirmação
As minhas intenções estão em harmonia com o Plano Divino.

115 Reciprocidade

Você agora percebe que existe um dar e receber na vida que tem uma medida certa. Dê um basta, se você sente que está dando muito ou pouco de si mesmo numa determinada situação. A reciprocidade atua durante vastos períodos de tempo de maneiras que não podem ser mensuradas pela realidade comum. O que volta para você nem sempre é o que você dá. Quanto mais você oferece com sabedoria, mais é abençoado com a Luz-Amor. Manifestações externas podem se traduzir em riquezas interiores e vice-versa – dependendo de quanta densidade ou conscientização você precisa enquanto está encarnado. Todo o universo pode ser abarcado pela Luz-Amor que existe dentro de você. A sua vida é uma dádiva e, à medida que dá de si mesmo com um claro propósito, mais reciprocidade você recebe na sua vida.

ABARQUE O UNIVERSO EM SI MESMO

Visualize e sinta a Reciprocidade como o intercâmbio rítmico natural entre o Criador e a criação. A Reciprocidade diz, "Você recebeu a dádiva da vida, alimento, amigos, oportunidades e desafios. Que recursos interiores existem dentro de você que podem ser oferecidos aos outros?"

Afirmação
Eu dou o melhor que existe em mim e recebo grandes bênçãos.

15 Busca

Você pode explorar livremente agora – especialmente se se sente atraído por algo que lhe traga inspiração e transparência na sua vida. Se a sua busca o leva por caminhos sombrios, que lhe causam confusão, pare e encontre uma maneira de descansar profundamente. Medite e deixe-se *sentir*. Enquanto sente, fique atento às tendências tanto positivas quanto negativas, à paz e à frustração, e à raiva. Deixe que elas irrompam e depois deixe que vão embora. Aos poucos você começará a perceber com mais clareza que direção tomar em sua busca. Você pode passar por muitos relacionamentos, sentimentos e acontecimentos antes de perceber a simplicidade no cerne da complexidade. Essa simplicidade se torna mais real à medida que a sua busca se intensifica em sentimento. Não busque mais sentimentos complexos, mas uma consciência de corpo inteiro da energia à sua volta e dentro de você. A sua busca está no cerne do seu verdadeiro ser.

ENCONTRE VARIAÇÕES SOBRE O TEMA DO UM

Visualize e sinta a Busca como uma motivação para conhecer a verdade. Que forma assume a sua Busca? Onde ela levará você? A Busca diz, "Questione como muitos podem se originar de um e como esses muitos podem voltar para o um. Qual é o tema da sua vida e quais são as variações desse tema?"

Afirmação
*Todos os meus anseios convergem para a
compreensão de mim mesmo.*

114 Aceitação

Você pode igualmente aceitar as coisas como elas são, pois só assim poderá começar a fazer mudanças. Deixe de lado os apegos ou as idéias rígidas e fixas sobre como você gostaria que as coisas fossem. Aceite cada momento à medida que ele surge e contemple a magia das possibilidades. A sua busca pode cessar na renúncia profunda às expectativas. Assim a Luz-Amor se revela nas situações mais surpreendentes. Perceba que nada pode ser perdido ou encontrado. Desapegue-se da idéia de ganho ou de aprimoramento e busque dentro do seu coração aquilo que é. Tenha gratidão até pelas dificuldades da vida. Elas são oportunidades de romper velhos hábitos e uma memória celular que não tem mais nenhuma relevância. Aceite a vida como ela se apresenta a você. A Luz-Amor brilha mais à medida que você aceita. Isso não é resignação, mas reconhecimento e afirmação.

PERCEBA E ACEITE A REALIDADE

Visualize e sinta a Aceitação como uma constatação de que, não importa quanto algo possa ser difícil, tudo está perfeito e bem. A Aceitação diz, "O que precisa mudar e perecer mudará e perecerá. O que precisa renascer e crescer renascerá e crescerá. Transforme a dúvida na consciência de que todas as formas mudam. A vontade de que algo seja diferente do que é subjuga você".

Afirmação
Eu afirmo a realidade em cada momento em transformação.

16 Sacrifício

Agora você precisa priorizar – saber o que realmente tem valor – e desistir de todos os hábitos, coisas e relacionamentos que o distanciam do seu valor mais elevado. Sacrificar é tornar sagrado. Descubra o que é sagrado e subordine tudo mais a isso. Organize os ritmos da sua vida diária em função dos aspectos mais importantes da sua vida. Pelo que você é grato? Como pode expressar a sua gratidão? Livre-se de todas as tendências para prender ou ganhar – pois elas restringem as suas possibilidades aos limites dessas tendências. Se algo o impede de oferecer o que você é em sua essência, só reconheça isso e siga adiante. O sacrifício é um podar profundo, é um corte radical, pelo qual o sagrado pode se revelar em sua plenitude.

RECONHEÇA O SAGRADO

Visualize e sinta o Sacrifício como aquilo que você recebe de Deus e do cosmos, e aquilo que você retribui a Deus e ao cosmos. O Sacrifício diz, "Veja o sagrado na terra e na vida diária. Transforme a ganância em gratidão e o isolamento em ligação. Aprenda a dar o que os outros precisam receber para receber na mesma medida em que precisa dar".

Afirmação
Com gratidão eu deixo ir os hábitos que obscurecem o sagrado.

113 Oferenda

Você é a oferenda quando contribui com a vida com aquilo que você é. Você é uma criatura única e não existe ninguém que possa tomar o seu lugar. Ofereça-se com integridade sempre que possível. Você nada perde quando entrega uma oferenda. Você é a dádiva e o doador. Descubra qual é o seu dom criativo e tenha a confiança de que ele está tanto no que você é quanto no que você faz – e depois encontre uma maneira de oferecer o seu ser. Saiba que você recebeu a sua vida como parte da criação. O que você faz dela depende da sua criatividade. Só a sua criatividade – o seu inigualável ser manifesto – pode ser dado em oferenda. Todo o resto não lhe pertence e, portanto, não pode ser entregue como oferenda. Toda vez que inspira a Luz-Amor, você se apossa dela, e toda vez que a expira, você a oferece aos outros. O divino recebe tudo que é oferecido sinceramente e retribui com a bênção de mais Luz-Amor.

OFEREÇA-SE PARA A CRIAÇÃO

Visualize e sinta a Oferenda como a dádiva de si mesmo congregada em integridade e ofertada a tudo o que você encontra. A Oferenda diz, "Você agora está plenamente individualizado e pode se doar apropriadamente a qualquer situação. Transforme a relutância e a incerteza na alegria de estar completamente presente".

Afirmação
Eu ofereço as minhas habilidades, os meus dons
e o meu ser a toda a vida.

17 Intenção

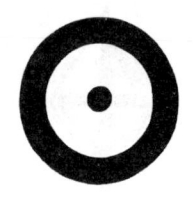

A sua verdadeira intenção é ser simplesmente quem você é. Como você pode entrar em contato com o seu ser primordial e autêntico? Por meio do foco e da aceitação. Mantenha-se centrado à medida que incorpora uma porção cada vez maior da realidade. Deixe que o seu círculo cresça o máximo possível. Quanto maior ele for, mais você precisará simplesmente ser. O que você é se manifestará. Confie no processo maior. Deixe de lado as distrações e centre-se em quem você é em todas as situações. Quanto mais sereno e estável você estiver, melhor. Pense em todas as intenções como um instrumento que o ajudará na realização da sua intenção maior: ser quem você é. O ponto central é ser um ser humano espiritual. A tensão é interior, a pressão é exterior. Inclua no seu círculo muitos tipos de pessoa (raças, culturas, classes sociais, etc.), enquanto continua sendo verdadeiro consigo mesmo. Isso não significa ser rígido, mas simplesmente ser – então você pode ser flexível com experiências diversas.

DESCUBRA O PROPÓSITO DA SUA ALMA

Visualize e sinta a Intenção centrada no âmago do seu coração e ao mesmo tempo envolvendo você como uma esfera. A Intenção diz, "Fique dentro e vá para fora. Transforme toda tensão em intenção clara. Fique aqui, agora, relaxado, e atento ao propósito da sua vida. O que se lhe apresenta agora?"

Afirmação
Eu aplico todos os meus dons e concentro todos os meus esforços no propósito da minha vida.

112 Consumação

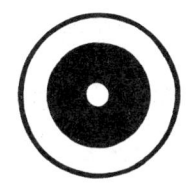

Finalmente você está de fato expurgando o seu karma. O seu sonho, há muito acalentado – ser o que é – está se realizando. Pode haver dor nesse processo ou uma súbita iluminação, mas isso é temporário. A consumação é uma revelação da Luz-Amor à medida que você inspira e expira cada momento. Tudo o que você não é é fugidio e está sendo consumido pelo fogo da verdade espiritual. Tudo o que você é continuará como uma testemunha silenciosa e essencial das suas múltiplas e variadas experiências. Reveja a sua vida como se estivesse à beira da morte. Este é um momento de soltar e perceber que você não é a soma total das suas experiências, nem é o seu corpo, os seus sentimentos ou a sua mente, mas sim a Luz-Amor imperecível. No dia-a-dia, preste atenção ao que você não precisa mais e deixe isso para trás. Não fique mais na defensiva e abra-se para a Luz viva.

TORNE-SE A LUZ VIVA

Visualize e sinta a Consumação como a realização plena que resulta dos acontecimentos imprevisíveis da sua vida. A Consumação diz, "Das cinzas você renascerá. Erga-se como uma Fênix trabalhando com as energias sutis à sua volta e dentro de você. Transforme a autopreservação em auto-revelação. Não se prenda a nada e aceite o que vier".

Afirmação
Estou purgando todas as tendências que obscurecem
a realização do propósito da minha alma.

18 Inspiração

Confie na sua inspiração e tenha coragem de colocá-la em prática. Você está passando por uma transição que se relaciona verdadeiramente ao espírito. Deixe o espírito fazer em você a sua morada e flua com ele. Quando seguir a sua inspiração, podem surgir obstáculos que coloquem à prova a sua tenacidade e coragem de concretizar a verdade. Deixe de lado a hesitação, a ambivalência – as dúvidas e justificativas para não agir. Seja simplesmente fiel à sua inspiração. Quanto mais duvidar dela, menos inspiração terá. Os seus relacionamentos, os seus projetos, a sua carreira – todos recebem inspiração. Você está aberto a ela? Manter-se vivo, flexível e espiritualmente energizado é receber inspiração e colocá-la em prática. A fonte da inspiração dentro de você é infinita.

ACOLHA O ESPÍRITO DENTRO DE VOCÊ

Visualize e sinta a Inspiração entrando pelo topo da sua cabeça e se instalando em seu peito. A Inspiração diz, "Expire o torpor e a confusão e inspire a luz pura e o espírito. Que tipo de prática inspira você?"

Afirmação
Eu confio na inspiração certa em todas as situações.

111 Sublimação

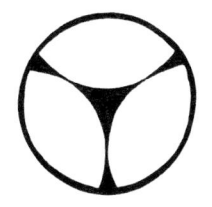

Esta é a hora de tornar os seus sentimentos e pensamentos sublimes, refinados e exaltados. A sublimação é conjugar o espírito com todos os aspectos mais temporários da vida. Trata-se da inspiração *vivida* – a entrega à direção e orientação da Luz-Amor. Deixe-se voltar à terra, deixe-se depurar – de modo que essa energia elevada permita a sua ressurreição. Adoração, poder criativo e a energia do cosmos lhe pertencem quando você se permite derreter e se dissolver no calor do fogo. Os seus sentidos também estão se aprimorando. A sua percepção está aumentando e a sua energia também está ficando mais intensa. Exprima o que você sente. Tome consciência da transição dentro de você e a Luz-Amor abrasará todos os obstáculos que o impedem de ser você mesmo.

TORNE A ENERGIA SUBLIME

Visualize e sinta a Sublimação como uma elevação de todos os aspectos de si mesmo. A Sublimação diz, "Pulverize e aprimore a sua vida até sentir a constância do imutável no mutável. Encare todas as mudanças como uma purificação e separação entre o grosseiro e o sutil".

Afirmação
*Eu enfrento tudo o que for necessário para alçar a
minha vida aos estados sublimes do ser.*

19 Intuição

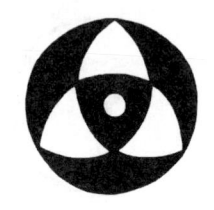

O espírito está em movimento dentro de você. Sinta-o, confie nele e a sua intuição revelará coisas assombrosas que são mais reais do que os muitos caminhos aos quais está acostumado. Siga a energia da sua mente intuitiva. Como pássaros migrando, a intuição é uma indicação confiável que orienta você na direção da verdade. Deixe de lado a dúvida ou a tentativa de entender as coisas. A intuição nasce do fogo espiritual. Permita-se sentir intensamente ao mesmo tempo em que toma consciência dos mais sutis lampejos intuitivos. Traga a sua percepção para o que está acontecendo na sua consciência além dos hábitos cotidianos. Depois que ouviu a sua intuição, você pode desvendar o seu significado mantendo-se num estado de abertura. A surpresa é um prazer que pode abrir novas portas para você, e a intuição é a surpresa orientada pela mente superior.

SINTA O ESPÍRITO EM TODO O SEU SER

Visualize e sinta a Intuição circulando por todo o seu ser e explodindo num lampejo dentro da sua cabeça. A Intuição diz, "Sinta o espírito em todo lugar. Transforme a insensibilidade num lampejo intuitivo. Sinta a energia sutil do espírito circulando por todo o seu ser. Confie na sua intuição".

Afirmação
Eu estou aberto à intuição em todas as situações,
mesmo que ela vá contra todas as expectativas.

110 Prática

Agora você pode absorver deliberadamente o sofrimento do mundo e transmutá-lo em Luz-Amor. Meditação, yoga e bons hábitos alimentares são, todos eles, modos de praticar, mas o mais simples e efetivo é ter consciência do seu eu e deixar que a verdade brilhe através de você. A prática vai transcender toda dúvida, hesitação e medo do vácuo. Praticar é ter consciência de cada momento assim como ele é, sem se apegar a nada. Praticar é limpar os despojos de sistemas de crença obsoletos. Ela está na matéria incandescida pela luz da consciência, que se torna espontaneamente a bem-aventurança do espírito. Crie ritmos no dia-a-dia que sustentem a sua percepção e a energia do seu corpo. O espírito brilha através do seu corpo, da sua alma e da sua mente quando a sua percepção se torna constante. O karma é assim transmutado.

SEJA CONSTANTE NA SUA PERCEPÇÃO

Visualize e sinta a Prática como a sua atenção consciente à chama que queima dentro de você. A Prática diz, "Continue se esforçando sem pensar em recompensa. Continue vigilante em todas as circunstâncias e não se identifique com nada passível de mudança".

Afirmação
Eu pratico a percepção honesta de mim mesmo por meio do testemunho compassivo.

20 Visão

À medida que os obstáculos à clareza se dissipam, você consegue ter uma visão pura. Isso não é visualização, mas você pode começar respirando e visualizando uma luz branca no topo da sua cabeça. Mentalize um lótus de seis pétalas. Um pontinho de luz pode se irradiar em seis direções, iluminando toda a sua cabeça. Quando a luz se tornar forte e cristalina, deixe que uma imagem se forme. Deixe que ela vá mudando até que só reste uma luz pura em toda a sua cabeça. Deixe que essa luz escorra para a sua garganta, para o coração, para o plexo solar e para os chakras inferiores. Sinta a visão em todo o seu corpo sutil. A visão é um holograma do seu espírito imaculado. Depois de purificar os chakras com a luz, contemple qualquer imagem de que necessite para orientar o seu destino. A visão é um sinal e uma assinatura do espírito.

VEJA A VERDADE DO ESPÍRITO

Visualize e sinta a Visão surgindo de dentro da sua cabeça. A Visão diz, "Tenha visões claras. Dissipe a ilusão do seu ser para receber uma visão direta dos reinos celestiais do seu eu superior".

Afirmação
As minhas visões mais puras e abrangentes se tornarão manifestas.

109 Sofrimento

Quando constatar que está inerentemente ligado a todos os seres sencientes, você sentirá tanto dor quanto compaixão. Você não está sozinho. A comoção do ser num corpo senciente é sofrimento. Esse sofrimento é o início da transmutação e a abertura do coração para sentir as outras pessoas. Isso não significa que você não sofrerá mais, mas que perceberá o quanto sofrem todos os seres, que transformarão, eles próprios, sofrimento em pura presença. Quando você se permite *sentir* a dor dos seus semelhantes, a piedade que sente por si mesmo se transforma em empatia. Você passa a fazer morada em todos os seres e todos os seres passam a fazer morada em você. A Luz-Amor transmuta o sofrimento quando você se permite sentir as outras pessoas por meio do seu próprio sofrimento. Deixe que o sofrimento seja energia pura. Pare de tentar possuí-la.

SINTA A COMOÇÃO DA EXISTÊNCIA

Visualize e sinta o Sofrimento como o último vestígio do apego, uma comoção queimando em seu ser. O Sofrimento diz, "Sinta e se misture com tudo e transmute a negatividade. Transforme a dor em compaixão. Suporte tudo o que chegar até você e não se apegue a nada. O que é imutável?"

Afirmação
Quando sinto dor, a compaixão brota em mim e transmuta o sofrimento.

21 Amor

Momentaneamente, você está num estado pleno de amor – que é a verdadeira natureza da sua alma. A sua mente consciente pode ter esquecido o estado amoroso, mas o seu ser mais profundo não pode jamais esquecê-lo. Procure se manter nesse estado consciente de amor pelo maior tempo possível. Se sentir que você não ama, fique em silêncio e mergulhe dentro de si.

Calmamente, entre na chama tripla da Luz-Amor e sintonize-se com as suas experiências culminantes: as pessoas que você ama, a beleza das montanhas, o mar ou os vales. Abra o coração para a consciência de que o amor está no centro de tudo. A sua alma conhece todos os seres que ela toca por meio do amor. Deixe que o amor permeie todo o seu ser enquanto contempla todos os que cruzam o seu caminho. Expresse esse amor de maneiras simples: estendendo a mão a alguém, oferecendo um olhar, um sorriso ou lágrimas de gratidão.

AME INCONDICIONALMENTE

Visualize e sinta o Amor dentro de você e ao seu redor. O Amor diz, "Funda-se comigo num estado aberto e incondicional do puro ser. Transforme o amor possessivo e condicional no mais puro amor. *Seja* amor".

Afirmação
Eu partilho com todos os seres um estado de puro
amor e coração aberto.

108 Ressurreição

A sua alma está agora voltando para o seu estado puro e original de amor. Ser quem você é o leva a *ser* cada vez mais amor. A ressurreição da sua alma pode incorporar a paz singela que sucede as poderosas experiências de "morte". À medida que você se desidentifica dos estados reativos subconscientes, a dor e o sofrimento são amenizados. Você passa a viver num fluxo de energia. Essa energia é, em essência, amor. Quando ouve a sua voz interior, você percebe que tudo – pessoas, rochas, plantas e estrelas – é amor em essência. A ressurreição da sua alma é um fluxo de espírito subjacente a toda sincronicidade e significado. Você transcende a evolução por meio dessa ressurreição. Você está voltando para o amor, ou seja, para casa. Continue nesse estado de unidade com a Luz-Amor e todas as suas experiências verdadeiras estarão ressuscitadas.

VOLTE A SUA ALMA PARA O AMOR

Visualize e sinta a Ressurreição como o ressurgimento do amor original na sua alma. A Ressurreição diz, "Volte-se para o invisível, para a escuridão, para os oprimidos, e deixe que o amor guie a sua alma pelas circunstâncias à sua volta. O amor não é cego; ele dá aos cegos a capacidade de enxergar".

Afirmação
Sofri as conseqüências do desejo e agora a minha alma ressuscita para o mais amor puro.

22 Desejo

O que você deseja é um reflexo do que percebe que faz falta à sua alma. Em vez de possuir o "objeto" do desejo (pessoa, coisa, situação), mergulhe nesse desejo para descobrir a sua raiz. Ele é uma reação subconsciente? Você tem desejos que estão em conflito? Desejos conflitantes indicam uma reação e consomem a sua energia. A sua alma é unificada no amor, mas dividida no desejo. Como o desejo é o agente inerente e natural da alma, sonhe, observe e testemunhe como você sofre por causa dos diferentes desejos que tem. Mergulhe fundo e encontre a raiz do desejo – o mais profundo anseio da sua alma – e descubra a relação que existe entre seus muitos pequenos desejos e esse grande desejo. O que você mais anseia é cumprir o destino da sua alma: ser quem você é.

DESCUBRA QUAL É O SEU MAIS PROFUNDO DESEJO

Visualize e sinta o Desejo que existe dentro de você como um anseio por aspirações e por ter as qualidades da pessoa que está diante de você. O Desejo diz, "Descubra o que você realmente quer. Desenvolva as qualidades que os outros têm. Transforme desejos fragmentados num único desejo unificado para ser plenamente quem você é".

Afirmação
O meu maior desejo é viver uma vida autêntica.

107 Responsabilidade

Você agora pode responder à realidade de cada momento vivo e agir em conformidade a isso. O mais profundo desejo da sua alma – ser quem você é – está se realizando. Agora você pode sentir a sua unidade com todos os seres e responder de maneira simples e direta. Essa capacidade de resposta o abre para a plenitude da vida, desvencilhando-o das vantagens limitadas que lhe trazem o apego e o desejo, para que possa viver novamente o milagre do amor. Renda-se à Luz-Amor quando estiver diante de outras pessoas e situações. A sua resposta à vida se revelará na delícia de encontrar todo o seu ser energizado quando despertar pela manhã. Use a sua sensibilidade para perceber cada situação que se apresenta e responda com a totalidade da sua alma. Assim todo momento será pleno de energia.

RESPONDA A CADA MOMENTO DA VIDA

Visualize e sinta a Responsabilidade como a sua capacidade de enfrentar as circunstâncias desafiadoras da vida. A Responsabilidade diz, "Você não é mais movido pelos desejos, que estreitam a sua visão. O campo da sua consciência está em sintonia com acontecimentos mais sutis. Quanto mais enxerga a situação com clareza e responde com base no que vê, mais a sua visão se expande. Quanto mais você vê, mais desenvoltura tem para responder".

Afirmação
Libertando-me dos apegos, eu enfrento as situações da vida quando estas se apresentam.

23 Projeção

Quanto maior a sua necessidade de possuir alguém ou alguma coisa, maiores são as ilusões que enredam a sua alma. Esse processo de projeção serve para lhe mostrar que você está identificado com o objeto do seu desejo, mas não consegue ver o que ou quem ele é. Contemple as profundezas da sua alma e deixe que o masculino e o feminino em você se encontrem e travem um diálogo interior. O que eles realmente querem? Ouça o que têm a dizer. Você percebe que está projetando parte desse diálogo em alguém cuja proximidade você deseja? Olhe novamente como essa pessoa é. Ela satisfaz de fato as exigências da sua alma? Se não satisfaz, talvez seja porque você está fazendo projeções e exigências em vez de ver a beleza dessa pessoa, aos olhos do amor.

ANSEIO E PROJEÇÃO

Visualize e sinta a Projeção dentro de você como a idealização que faz de alguém. Veja essa pessoa como você quer vê-la. A Projeção diz, "Contemple quem você tanto anseia. Veja-a do ponto de vista dos seus próprios desejos e projete nela aquilo de que você precisa. Agora perceba como você acusa as outras pessoas por terem as características que você nega em si mesmo e transforme essa acusação em auto-aceitação".

Afirmação
Eu olho de frente as minhas projeções sobre as outras pessoas e as reconheço pelo que são.

106 Perdão

Agora é o momento de você se perdoar por fazer projeções sobre as outras pessoas e exigir delas o que você quer. Você pode estar magoado, frustrado, furioso ou até amargurado e guardando rancor. Aceite essas experiências e perdoe-se por essas feridas dolorosas da sua alma. Você provavelmente fez o melhor que pode. Agora peça perdão à pessoa ou ao ser que você consciente ou inconscientemente feriu. Perceba que a sua alma quer simplesmente viver pela eternidade na Luz-Amor. Perdoar a si mesmo e aos outros é permitir que a alma volte à Unidade. Agora perdoe toda e qualquer pessoa que um dia o magoou. Em vez de reagir, retraindo-se ou buscando vingança, mergulhe fundo na sua alma e perdoe verdadeiramente. Essas pessoas só fizeram o que sabiam na época. Agora é uma nova oportunidade. Deixe para trás as feridas do passado e perdoe todos os envolvidos. A sua alma conseguirá a absolvição.

ELIMINE AS CADEIAS DE SEPARAÇÃO

Visualize e sinta o Perdão como o alívio da dor, da culpa, da raiva e da amargura. O Perdão diz, "Abra os olhos. O amor a tudo vê e o liberta das reações de impotência e desamparo. Seja grato e se aceite como é. Assim fica mais fácil perdoar as outras pessoas".

Afirmação
Eu me perdôo e perdôo a todos que um dia me feriram,
e também lhes peço perdão.

24 Sombras

As incertezas da sua vida não podem se dissipar enquanto você negar o que o fere. Os seus medos podem ser conhecidos ou desconhecidos, conscientes ou inconscientes. É hora de tomar consciência de que eles existem, não importa quando tenham surgido. No passado, você não podia enfrentar a fonte da dor, da frustração ou da raiva. As sombras são as nossas emoções reprimidas e suprimidas. Elas podem se manifestar na forma de ressentimentos, ódio, doenças ou reações violentas a uma pessoa. Também vivem na apatia, na indolência e na tentativa de mascarar a dor – ou sentimentos profundos de alguma espécie. É hora de você entrar em contato com as sombras, pois, sentindo-as mais e testemunhando-as na Luz-Amor do seu verdadeiro ser, elas aflorarão e serão dissipadas.

OCULTE E CRIE

Visualize e sinta as Sombras dentro da sua alma e em torno de você. Veja a pessoa à sua frente como a síntese do que você teme encontrar dentro de si mesmo. As Sombras dizem, "Oculte e encubra o que você teme e isso pode desaparecer. Mantenha constatações dolorosas reprimidas e negue qualquer responsabilidade pela dor e pela confusão. Ao constatar que você mesmo cria as suas próprias sombras por meio da repressão, peça para conseguir enxergar os seus pontos cegos".

Afirmação
Que eu possa ver o que antes neguei e enfrentar
com coragem todas as sombras da minha alma.

105 Reconhecimento

Muito embora possa estar sentindo uma grande dor, só agora você está em condições de reconhecer que de fato está sofrendo. No passado, você pode ter negado esse sentimento, distraindo-se, mascarando-o ou não tomando consciência dele. Essa negação só perpetua o sofrimento por meio da repressão. Agora, ao reconhecê-lo, você pode voltar a *senti-lo*. Se passar a vê-lo através da Luz-Amor, o sofrimento pode se transformar em lucidez e paz nos recônditos da sua alma. Seja o que for que esteja acontecendo, reconheça a verdade – sem julgamento. Seja isso agradável ou desagradável, bom ou ruim – isso é irrelevante. A sua alma está se libertando de memórias inconscientes muito profundas. Quanto mais neutro for o seu julgamento, mais livre você ficará delas.

RECONHEÇA A VERDADE

Visualize e sinta o Reconhecimento como o peso do karma sobre a sua alma. O Reconhecimento diz, "Contemple as sombras do seu passado. Veja-as se transmutando. A energia de desejos reprimidos está agora acessível. Como você se sente quando aceita o que antes negava?"

Afirmação
Eu agora reconheço meus erros do passado, a minha ignorância e meus desejos ocultos. Quero dissipar as sombras e as ilusões.

25 Imagem Humana

Você agora está percebendo que ser uma criatura humana é uma oportunidade única para vivenciar todos os reinos da vida, bem como as estrelas, dentro do nosso próprio ser. Fique em contato com a sua aspiração mais profunda. Num certo sentido o que você aspira é ser uma pessoa inteira, enquanto ser humano encarnado. O seu sistema nervoso, as suas sensações, o seu coração, o seu sangue e as células de todos os seus órgãos vibram com os elementos que também compõem as estrelas e os outros planetas. A imagem do veículo humano é uma profunda completude. Saiba que, por ter recebido a dádiva da encarnação humana, você tem tanto lições a aprender como dádivas a conceder. Quanto mais descobrir a sua própria completude e integridade, mais você será capaz de transformar lições em dádivas. A dádiva mais importante que recebeu foi seu corpo humano. Com esse presente você pode dar mais de si mesmo.

ASPIRE A COMPLETUDE

Visualize e sinta a Imagem Humana como uma matriz da divindade dentro do seu cérebro, do seu coração e do seu abdômen. A Imagem Humana diz, "Seja inteiro. Vá além da fragmentação, do medo, do desejo e de todas as auto-imagens, e chegue à raiz da completude – uma concepção divina dentro de você".

Afirmação
Eu sou grato por ter nascido num corpo humano
e por isso o uso com respeito.

104 Corpo Cósmico

Você agora pode sentir empatia por todas as coisas vivas. À medida que expande o seu sentimento de Unidade com todas as coisas, você será capaz de trazer cura e inspiração a todos e a tudo que encontrar. O corpo cósmico é a força direcional da criatividade de toda a evolução. Você pode sentir um grande fluxo de criatividade na energia do seu ser. Deixe que suas sensações se tornem intuições e depois inspirações – direcionando a sua criatividade e empatia. Tudo na criação tem ressonância. Quanto mais sentir essa ressonância, mais o seu próprio senso de inteireza se expandirá. Sentindo a Luz-Amor no seu corpo cósmico, a imagem humana divina original se realizará através de você.

SINTA, EMPATIZE E EXPANDA

Visualize e sinta o Corpo Cósmico como o seu corpo da verdade, que une todos os opostos dentro dos ritmos metabólicos do seu corpo orgânico. O Corpo Cósmico diz, "Seja verdadeiro consigo mesmo e no equilíbrio de cada momento. Deixe que as sensações sejam puras, não se apegando nem ao bem nem ao mal, nem ao prazer nem à dor. Diga a si mesmo, 'Eu viverei para sempre'".

Afirmação
Quando eu sinto a ressonância da criação no meu corpo cósmico empático, minha criatividade se expande.

26 Código Genético

Reconheça e compreenda que os seus ancestrais lhe presentearam, por meio da genética, exatamente com as capacidades de que você precisa nesta vida. As suas características físicas são uma assinatura da sua alma. A natureza única e original do seu corpo, as suas impressões digitais e a sua psique são uma dádiva que lhe foi concedida para você usar, explorar e receber informações. Você precisa compreender muito bem a evolução e o tempo, assim como a sincronicidade e a eternidade. Agora é hora de acelerar gradativamente o desenvolvimento do seu corpo, da sua alma e da sua mente. A gratidão pelos seus ancestrais e a realização de seus anseios sexuais com a pessoa amada fazem parte desse processo. Agora também existe a possibilidade de transmutar o seu DNA e apagar memórias celulares traumáticas.

DIVIDA, UNA E TRANSMITA

Visualize e sinta o Código Genético como ramificações helicoidais que ligam você aos seus ancestrais e aos ancestrais da humanidade como um cordão umbilical. O Código Genético diz, "Divida, una e transmita". Sinta tanto a separação quanto a unidade com os ancestrais, dentro das suas próprias células. Transforme o isolamento em sucessão e leve em conta as futuras gerações".

Afirmação
Eu sou grato aos meus ancestrais e conto com os meus genes para codificar os meus processos corporais.

103 Incorporação

Agora você pode transcender as características genéticas que herdou dos seus ancestrais por meio da unidade empática com as outras pessoas. O seu código genético pode mudar para incorporar agora o seu corpo cósmico de Luz. Quanto mais pessoas você guardar no seu coração, mais se sentirá preenchido pela Luz-Amor. Permaneça o mais consciente possível do modo como o seu corpo ressoa com todo o corpo do universo, que é o Corpo da Divindade. Inclua intenção ao seu sentimento de incorporar toda a senciência ao seu próprio corpo. Quanto mais respirar Luz-Amor, mais o seu código genético ressoará com o todo. A empatia é a chave para sentir essa Unidade, que nos torna responsáveis pelas verdadeiras necessidades das outras pessoas.

INTUA E INCORPORE

Visualize e sinta a Incorporação como um sentimento ampliado de família. A Incorporação diz, "Inclua todos os opostos no seu estilo de vida. Transforme a resistência na todo-abrangência. Acolha no seu coração muitos tipos de pessoas e raças. Suporte cada momento de limitação, julgamento e condenação exclusivista como uma preparação para aceitar a si mesmo mais profundamente".

Afirmação
Eu incorporo todos os povos e seres sencientes na minha consciência e empatia.

27 Sistemas Corporais

É hora de prestar atenção no seu corpo. Ouça as mensagens que ele transmite. Observe qualquer dor ou sensação estranha. Traga a Luz-Amor para dentro do seu corpo e "massageie" com gratidão qualquer sensação irritante. Agradeça ao seu corpo por alertá-lo de perigos ou doenças. Ele é um conjunto maravilhoso de processos químicos, moleculares, estruturais e perceptuais que lhe servem 24 horas por dia. Demonstre a gratidão que você sente por ele e dê às suas células permissão para liberar todas as toxinas e substâncias nocivas. A sua consciência afeta o seu corpo, para o bem ou para o mal. Esteja atento à integridade do seu corpo com os seus pensamentos e sentimentos. Também pode haver uma mudança iminente nos seus processos corporais agora. Desacelere o ritmo do seu corpo e entre em sintonia com ele para ouvir o que ele tem a lhe dizer.

PROCESSE E CIRCULE

Visualize e sinta os Sistemas Corporais dos nervos, do sangue, dos músculos, dos ossos, da respiração e da assimilação como um processo interconectado. Os Sistemas Corporais lhe dizem, "Circule e coordene. Perceba as sensações de todos os seus órgãos em harmonia uns com os outros. Transforme a falta de coordenação de qualquer sistema na conexão certa e num ritmo saudável".

Afirmação
Sou grato a todos os meus sistemas corporais e dou às minhas células permissão para serem saudáveis.

102 Vastidão

O corpo humano são ondas padronizadas de Luz-Amor condensadas em reações orgânicas que organizam as células do corpo. Este é um momento em que a aura dos seus vários corpos (físico, emocional, mental, espiritual) está se expandindo e se abrilhantando. Sinta a empatia com toda a vida e com a Luz-Amor inerente à vida. À medida que faz isso, a sua sensibilidade se aguçará e cada instante pode ser mais vibrante. Você também pode perceber uma sensação de amplidão e sentir o espaço que existe entre os átomos do seu corpo. Agora é hora de perceber que o seu corpo físico está ligado a outros corpos mais sutis, cujo senso de realidade mais refinado transcende a identificação com o seu corpo físico. Quando entrar em contato com esses corpos mais sutis e confiar neles, você descobrirá que essa identificação se expandirá, incluindo toda a vida senciente.

EXPANDA E AMPLIE A VIDA

Visualize e sinta a Vastidão como a natureza ilimitada do seu corpo imaginal. A Vastidão diz, "Encontre o seu caminho pelo labirinto deste mundo por meio da compaixão e da empatia com todos os que encontrar. Transforme confinamento e preconceito em abertura e em novas perspectivas. Expanda o seu ponto de vista".

Afirmação
*Eu afirmo a vastidão do universo e a profusão
das interligações que sinto.*

28 Intensidade

Neste momento, você é capaz de sentir muito mais intensamente. Vá em frente e sinta tudo o que estiver em seu caminho, mas desidentifique-se de qualquer objeto de desejo ou até da intensidade dos seus próprios sentimentos. O desejo ampliará a intensidade, ao passo que a desidentificação o neutraliza, permitindo que você tenha mais perspectiva enquanto ainda sente. A intensidade é o poder de perceber qualquer ilusão enquanto você a vive. Desejar qualquer objeto que seja é, na realidade, uma ilusão, no entanto esse tipo de ilusão é uma parte inerente ao aprendizado. Agora você pode aprender a perceber mais intensamente o que sente e como isso afeta o seu corpo. Procure perceber se é a intensidade que impulsiona você ou se é um sentimento que estimula a sua força vital a responder à vida. Se não ouvir os apelos da vida, a intensidade pode tornar você autocentrado demais.

VIVIFIQUE E SINTA

Visualize e sinta a Intensidade como a força vital que circula pelo seu corpo, da cabeça aos pés. A Intensidade diz, "Vivifique e expanda. Dê atenção às sensações que percorrem o seu corpo. Transforme a dor isolada na aceitação da intensidade como sensação e energia puras. Expanda essa energia para todas as partes do seu corpo".

Afirmação
Eu sinto a intensidade da vida enquanto percebo
a identificação se transformar.

101 Entusiasmo

Agora você está totalmente aberto à vida como ela é e pode encarar com entusiasmo o seu trabalho, os seus amigos, os seus projetos e tudo o que lhe interessa. Você também pode se tornar mais receptivo e preencher tudo o que receber com a inteireza da energia direcionada. Abra o coração e confie na unidade do seu ser com a Luz-Amor. Entusiasmo significa estar preenchido com bioenergia, força vital, prana, e poder seguir o seu coração-mente. Se você gosta do seu trabalho, ama os amigos, ama a vida, você tem entusiasmo. Observe se sente ambivalência ou apego em alguma área da sua vida. Solte tudo o que não estiver em concordância com o seu verdadeiro eu e o seu entusiasmo será ainda maior.

FIQUE TOTALMENTE PRESENTE

Visualize e sinta o Entusiasmo como uma coragem fervorosa para cumprir o seu compromisso com a vida. O Entusiasmo diz, "Fique calmo, centrado e siga em frente sem reservas. Não se segure mais. Que da dúvida possa nascer a dedicação. Lute pelo que tem realmente valor para você".

Afirmação
Eu encaro a minha vida com total entusiasmo e todos os meus projetos estão em sintonia com o universo inteiro!

29 Imaginação

Use a imaginação para refletir o seu verdadeiro espírito. Visualize a vida que você quer viver. Agora contemple uma imagem clara da Luz-Amor brilhando através da sua mente. Veja o plano imaginário onde a visão pura pode lhe revelar quem você é e do que é capaz. Deixe que a Luz-Amor se derrame sobre o topo da sua cabeça e cubra o espelho da sua alma, de modo que os projetos que tem e o trabalho que faz estejam em completa concordância com a Luz-Amor. Deixe que essa imagem sirva como uma força visionária capaz de guiar a sua alma e o seu corpo, as suas inspirações e atividades. Se a vida que você quer hoje não combina com a imagem Luz-Amor, peça quantas vezes for necessário uma orientação sobre como você pode transformar a sua vida.

CONTEMPLE IMAGENS REFLETIDAS

Visualize e sinta a Imaginação por meio da sua capacidade de criar imagens mentais. A Imaginação diz, "Reflita sobre cenários mentais possíveis. Transforme a percepção literal e visual em visões imaginárias. Como diferenciar imaginação e ilusão?"

Afirmação
Eu uso a imaginação para visualizar uma vida mais plena para mim.

100 Receptividade

Agora você pode se abrir completamente para a Luz-Amor. Abra mão da identidade limitada e de qualquer sentimento de controle. Ser receptivo é sentir o poder feminino do coração-mente na atenção sem foco. Procure perceber um tranqüilo bem-estar e confie na Luz-Amor todo-abrangente da Divindade. Nesse estado você se torna um receptáculo puro em total unidade com o elixir da Luz-Amor. Essa receptividade é uma comunhão com o divino por meio da sincronização do coração e da mente. Isso também significa ser receptivo às outras pessoas – muito mais ao modo como elas são, do que ao que falam ou fazem. Você consegue recebê-las do modo como são sem julgá-las? Deixe todos os padrões indesejáveis sob a guarda da Luz-Amor e deixe-os para trás. Agora você pode receber e aceitar profundamente a si mesmo.

OUÇA COM O CORAÇÃO ABERTO

Visualize e sinta a Receptividade como a abertura maior do coração-mente às mudanças da vida. A Receptividade diz, "O seu sangue é iluminado com o influxo da Luz divina à medida que você purifica a sua mente. Deixe as fantasias e as ilusões para trás. Agradeça pela plenitude do seu coração".

Afirmação
Com o coração, a mente e os sentimentos unificados,
estou aberto e receptivo à orientação divina.

30 Razão

Há momentos em que você precisa usar a razão e a lógica. No mundo do espaço-tempo, a razão intercede na preservação da vida por meio da mente prática. A razão também pode se tornar extremamente abstrata. Ela é útil, mas precisamos perceber os seus limites. Quando usa a razão, você está tentando entender a vida em termos de causa e efeito e seqüência linear. Se você tem um projeto que precisa de uma gestão cuidadosa, use a razão para orientar os seus passos rumo à sua concretização. Você também pode querer descobrir a causa de alguma coisa que já aconteceu. Examine a cadeia de eventos em retrospectiva e descubra a causa. A razão favorece o controle, mas não o descontrole e a abertura com relação à Luz-Amor.

PENSE E REFLITA

Visualize e sinta a Razão por meio da mente racional e lógica. A Razão diz, "Transforme a racionalização em raciocínio seqüencial. Examine paulatinamente e de maneira lógica os acontecimentos deste mundo".

Afirmação
*Eu posso usar a razão quando preciso realizar
ações práticas e lógicas.*

99 Brilhantismo

Agora você pode descobrir a verdade por meio da Luz-Amor, num lampejo da mente superior. Você pode confiar na sua percepção direta de si mesmo e das outras pessoas, e fazer brilhar a Luz-Amor por meio do seu coração-mente. Tenha a coragem de viver o que você vê, como se visse um novo paradigma. O seu brilhantismo se intensificará à medida que você se libertar dos jogos mentais, como os disfarces, as distorções ou as camuflagens. O brilhantismo é um lampejo de consciência que transcende a razão e atinge o paradoxo: a unidade de duas idéias opostas. Agora você já é capaz de viver na contradição, pois não existe contradição quando o brilhantismo da sua mente aceita os opostos. Não tente encontrar uma solução para nada; seja apenas uma testemunha amorosa das polaridades e o seu brilhantismo se destacará.

VEJA E FALE DE MANEIRA CLARA E DIRETA

Visualize e sinta o Brilhantismo como a luz natural do seu coração-mente. O Brilhantismo diz, "Descubra o infinito no finito e seja um farol na neblina e nas trevas deste mundo. Dê livre curso aos devaneios e veja luz nas formas de todas as coisas".

Afirmação
O brilhantismo se irradia do meu coração-mente
quando eu aceito os opostos.

31 Memória

As impressões deixadas pela experiência celular na sua mente e no seu DNA são muitas vezes extremamente profundas. Agora é hora de examinar qualquer padrão repetitivo de que você não precise mais e que pode ter servido como defesa para alguma parte ferida do seu ser. Abra um espaço para o testemunho amoroso enquanto *sente* esses padrões defensivos. Simplesmente observe e deixe a lembrança vir à tona. Ele acabará se transformando num espaço vazio na sua mente. A sua memória é útil nas áreas da praticabilidade – para saber onde você deixou as coisas, para recordar um verso ou um incidente. Mas não faça nenhum julgamento com relação a essas lembranças. Quanto menos você julgar – mesmo as lembranças negativas muito intensas – mais será capaz de se lembrar. A mente humana tem uma memória racial completa enterrada dentro de si.

REGISTRE E RECORDE

Visualize e sinta a Memória como um arsenal de experiências passadas. A Memória diz, "Transforme lembranças distorcidas ou bloqueadas em recordações vívidas. Lembre-se do que você um dia negou e não quis que fosse verdade. Lembre-se das ocasiões em que você ocultou alguma coisa, mentiu ou mascarou a realidade. Lembre-se da beleza da realidade como ela é".

Afirmação
Sou capaz de me lembrar de qualquer coisa que seja importante para a plenitude do meu ser e de arrancar as raízes das lembranças traumáticas.

98 Poesia

Agora você está eliminando da sua mente os julgamentos relacionados a lembranças, a ponto de conseguir ver um significado maior na sua vida. Dar sentido às lembranças é fazer poesia. A sua vida será cada vez mais poética à medida que você se abrir honesta e humildemente para o significado dos acontecimentos da sua vida. Você pode perguntar: "Por que isso aconteceu?" Se refletir honestamente sobre as aspirações e seus medos que causaram esse acontecimento, você será capaz de vislumbrar um significado maior. O cerne de qualquer questão é o significado que, quando visto na Luz-Amor, torna-se poesia. Você está disposto a desenterrar as raízes da sua memória? Relembrar acontecimentos que talvez tenham sido esquecidos por serem dolorosos demais? Deixe que a mente se torne um repositório dos significados das suas experiências. Funda coração e mente por meio da auto-aceitação.

DESCUBRA UM SIGNIFICADO MAIS ELEVADO

Visualize e sinta a Poesia como a expressão profunda e fluida que vem do fundo do seu coração. A Poesia diz, "Fale do mistério que sussurra no seu coração. Revele o rio que perspassa toda a sua vida. Diga o que pensa".

Afirmação
Eu transformo as minhas lembranças em significado e descubro a essência poética de tudo o que vivi.

32 Pensamento

Seja fiel a quem você é, permita que os seus pensamentos sejam um processo fácil e relaxante de reflexão. Pare de tentar analisar tudo que o preocupa. Por hora, não se apegue aos resultados e concentre-se no momento presente. Reflita sobre o que está realmente lhe acontecendo e sobre o que você anda pensando ultimamente. Concentração é bom, mas não dispensa uma mente aberta, que não enfoque uma única questão. Deixe que a sua mente se ocupe do processo de contemplar os pensamentos e abra mão de todas as idéias que não coadunem com o seu propósito. Se achar que não tem propósito nenhum, simplesmente observe os seus pensamentos sem se apegar a eles, e veja como eles esgotam a si mesmos e acabam se dissipando. O seu propósito será revelado sem que você precise fazer nenhum esforço.

CRIE UM MUNDO MENTAL

Visualize e sinta o Pensamento como a criação de uma idéia. O Pensamento diz, "Reflita profundamente sobre um problema. O que você quer saber? De que maneira pode chegar a uma solução? Formule perguntas e idéias que levem a essa solução".

Afirmação
Sem esquecer as minhas intenções, eu deixo que meus pensamentos venham à tona e abro mão daqueles que interferem no propósito da minha alma.

97 Lampejo Intuitivo

Agora você adquiriu tanta prática no processo de observar os pensamentos que não pensa mais, só tem lampejos intuitivos. Os hemisférios direito e esquerdo do seu cérebro agora funcionam como uma coisa só. Isso só é possível agora que a sua mente acolheu o seu coração. Deixe que mente e coração sejam uma coisa só. O seu entendimento agora vai além do raciocínio comum. A percepção intuitiva é possível quando a Luz-Amor fulgura no seu coração-mente. Ela pode ser repentina ou contínua, dependendo da sua capacidade de sustentar a síntese de todos os opostos. Quando isso acontece, o coração-mente fica silencioso, cristalino e aberto, e é capaz de refletir os mais elevados Ideais Divinos por meio da Luz-Amor. Contemple o seu verdadeiro ser no pensamento divino da Luz-Amor e você terá todos os lampejos intuitivos de que precisa.

VEJA O PARAÍSO NUMA SEMENTE

Visualize e sinta o Lampejo Intuitivo como olhos se abrindo em todas as células do seu corpo. O Lampejo Intuitivo lhe diz, "Seja o olho, a luz, e o objeto visto. Transforme a dualidade do sujeito e do objeto num 'Eureca!'"

Afirmação
*Tenho lampejos intuitivos quando todo o
meu ser busca entendimento.*

33 Vórtice

Você está entrando numa nova espiral de possibilidades. Fique tranqüilo e centrado, pois do contrário você pode cair num turbilhão de ansiedade, incertezas ou apegos. O vórtice é o centro espiritual da natureza dentro de você. Ele está em contato com a força que energiza todo o cosmos. Existe um vórtice no centro de toda estrela e planeta, como também nas suas próprias células. Ele tem uma polaridade negativa e positiva que faz o vórtice girar ou vibrar. Se conseguir manter o positivo e o negativo juntos numa única energia espiritual – um espaço de percepção neutra –, você encontrará o centro do vórtice. A consciência da inspiração e da expiração pode ajudar, pois esses dois movimentos se sucedem naturalmente e a sua consciência não precisa julgar nenhum desses movimentos nem se apegar a um ou a outro.

FIQUE TRANQÜILO E DESAPEGADO

Visualize e sinta o Vórtice como uma grande espiral girando no céu, ao redor da estrela polar, e na Terra, girando sobre o seu próprio eixo. O Vórtice diz, "Faça a espiral girar para dentro e para fora. Transforme estados transcendentes em envolvimento dinâmico e participação na vida. Gire em volta do seu eixo e dance em ciclos centrados".

Afirmação
Eu posso me manter no ponto central da minha consciência
em meio a energias em transformação.

96 Corrente Sonora

A Música das Esferas está dentro de você quando percebe o tom de cada som que ouve. Ouça a voz da outra pessoa ou a sua própria. Você notará quando houver uma nota dissonante. Então você poderá recebê-la com a sua consciência e aos poucos penetrar na dissonância para restabelecer a harmonia. Às vezes pode ocorrer um lapso ou uma quebra na voz. Isso pode indicar correspondência com um chakra que precisa de abertura ou purificação. Invoque a Luz-Amor e crie sons com a voz. A carga emocional de experiências passadas dolorosas pode ser eliminada das células por meio da emissão de sons [*toning*]. Tente emitir várias vogais numa série de tons diferentes. Com que vogais ou tons você se harmoniza mais? Quando a sua voz produz uma corrente sonora, as perturbações são eliminadas.

RECEBA AS HARMONIAS UNIVERSAIS

Sinta e ouça a Corrente Sonora como o som primal transpassando a sua vida em torrentes de vibrações. A Corrente Sonora diz, "No silêncio, receba uma onda sonora fluida que transcende o tempo. Ouça as vibrações de todas as coisas dentro de si mesmo".

Afirmação
Entoando o Om ou Hu num tom constante e uniforme,
eu posso harmonizar minha energia com a corrente sonora cósmica.

34 Ressonância

Agora você pode entrar em sintonia com os ritmos naturais da sua vida. Esteja em sintonia ou não com o seu parceiro, com os amigos, com o trabalho ou com o ambiente doméstico, agora é uma boa hora para perceber como você realmente se sente. Seja sincero consigo mesmo. Reconhecer os seus sentimentos é o primeiro passo. Encontre a fonte de qualquer dor ou desconforto em si mesmo e retenha essa sensação no seu corpo. Agora perceba como você se sente com relação ao seu parceiro, ao seu trabalho ou a qualquer problema da sua vida. Eles estão em ressonância com essa dor ou esse desconforto? Estão em ressonância com a paz que sente quando está feliz? Talvez você precise se desapegar de hábitos que o mantêm num círculo vicioso, antes de fazer isso. É assim que você entra em sintonia com a sua própria presença verdadeira.

VIBRE E HARMONIZE

Visualize, sinta e ouça a Ressonância como a harmonia da vibração de todas as coisas. A Ressonância diz, "Seja um com tudo e com todos que encontra. Transforme a falta de compromisso em conexão. Transforme a dissonância em ressonância".

Afirmação
Por meio da ressonância, eu consigo perceber o que representa e o que não representa o meu bem maior.

95 Ouvir

Ouvir o coração é uma maneira de ouvir a Música das Esferas. Esta é uma boa hora de ouvir as outras pessoas também. O que elas realmente guardam no coração? As suas palavras nem sempre traduzem os seus verdadeiros sentimentos. O que se esconde por trás das palavras? Ouça as entrelinhas e descubra o que elas querem dizer em sua essência. Quanto mais você se dispõe a ouvir, mais livre fica da tagarelice inútil, da necessidade de saber de tudo e da ansiedade. Ouça o que há no fundo do seu coração. Ouça, ouça, ouça até *sentir* quem você é. Só então você pode realmente expressar ou cantar o que sente. E as outras pessoas entenderão melhor o que você quer dizer e conseguirão casar o coração e as palavras, a mente e a voz. A Música das Esferas é transmitida por meio de todas as coisas: das pedras, das plantas, das pessoas e dos planetas, quando você ouve de verdade.

OUÇA E ESCLAREÇA

Sinta e ouça o Ouvir como um estado aberto e receptivo da mente. O Ouvir diz, "Elimine a interferência e a estática. Transforme a insensibilidade e o barulho numa receptividade sensível e aberta. Você consegue ouvir o significado das coisas?"

Afirmação
Eu estou ouvindo para poder escutar a essência das coisas.

35 Tempo

Quanto mais perceber que o tempo é um ciclo rítmico, menos influência ele tem sobre você. O tempo é um processo que lhe permite ter muitas experiências e entender melhor a si mesmo. O tempo também ajuda a regular a sua vida, de modo que ela fique em harmonia com os ritmos naturais. O tempo pode ser um fluxo fácil e contínuo, que se desenrola organicamente nos processos diários do sono, da meditação, do exercício, da alimentação, do trabalho, do lazer e do ato de fazer amor. Quanto mais você aceita os ritmos diários da vida, menos consciência tem do tempo. Se você se sente pressionado pelo tempo, vá mais devagar, pare e volte-se para o seu mundo interior. Por trás disso pode haver uma ferida antiga, uma dor ou um trauma do passado. A corrida contra o tempo é a reação lutar-ou-fugir frente ao perigo e à dor. Sinta-a e deixe-a ir embora. Assim você vai perceber o caráter atemporal nos ritmos da vida diária.

REGULE E IMPRIMA UM RITMO

Visualize e sinta o Tempo como uma via de mão única pela qual você transita desde o nascimento, passando pela juventude e a idade adulta, até a velhice e além. Agora sinta o Tempo como um ciclo no qual você reencarna ao longo de muitas vidas. O Tempo diz, "Atravesse e deixe para trás. Regule e imprima ritmo. Transforme o imutável num estado de transformação. Aproveite as fases transitórias da sua vida".

Afirmação
Eu sou um ser sem idade quando aproveito o desenrolar rítmico de cada momento da minha vida diária.

94 Constância

Você se considera uma pessoa confiável? A constância é a capacidade de conhecer a sua mente inconsciente e a sua natureza emocional a tal ponto que você se considere plenamente capaz de cumprir os seus compromissos ou devoções. Não há por que ter ideais se não é possível colocá-los em prática. Agora é hora de começar a dar um passinho por vez e fixar os olhos num horizonte que você possa alcançar. É importante praticar diariamente aquilo em que acredita, que valoriza e que prega. A sua constância então passa a valer também nos seus relacionamentos. Deixe que a Luz-Amor seja seu alimento a todo momento enquanto executa as suas ações diárias para atingir o objetivo que estabeleceu. Use o tempo de maneira sábia reservando um intervalo de tempo suficiente para cada sonho que deseja realizar. A constância interior é atingida por meio de um tipo de música que inspira você a todo momento, em cada passo do seu caminho, até se tornar parte do fluxo universal.

INVOQUE A PRESENÇA CONSTANTE

Visualize e sinta a Constância em seu coração como o poder de realizar o que diz. A Constância diz, "Invoque a presença continuamente. Descubra os ritmos da ordem universal. Transforme as tendências erráticas e inconstantes em maneiras confiáveis de se desenvolver".

Afirmação
*Eu cumpro os compromissos que travo comigo mesmo
e com as outras pessoas.*

36 Estrela

O Amor e a Luz Divinos estão em todo lugar, brilhando através das estrelas. Você também pode ser como uma estrela por meio do fulgor da sua aura. Perceba que a Luz-Amor de Deus é uma parte central do seu coração, que também é uno com a inteligência central e o amor das estrelas. Quanto mais viver e incorporar a verdade e o amor, mais cristalina a sua aura será. Quando você sente e enfrenta os seus medos, banhando-os com a Luz-Amor, eles se dissipam e os obstáculos à sua presença estelar evaporam no ar. A sua presença estelar é a ligação vibratória com as estrelas com as quais a sua aura ressoa. Quanto maior a intensidade do seu sentir, mais energia você acessa para dispersar a confusão, a repressão ou o bloqueio à radiância pura da Luz-Amor através do seu ser.

IRRADIE

Visualize e sinta a Estrela como a radiância do seu próprio ser enquanto ela emana através do potencial do seu destino. A Estrela diz, "Irradie e brilhe. Transforme o seu ser inocente e sem forma numa energia centrada que anseia voltar à fonte por meio da luz".

Afirmação
Eu sinto amor por todos os seres e lhes irradio a minha luz interior.

93 Concentração

Agora é hora de enfocar – levar para um centro unificado qualquer questão ou energia discrepante. Pare de dissipar a sua atenção e energia com distrações e corra atrás das coisas. Concentre-se na Luz-Amor dentro do seu ser, deixe o que quer que seja vir à tona por meio dos pensamentos ou sentimentos e depois deixe isso ir embora. Quanto mais purificado você estiver, mais forte e equilibrada será a sua concentração. A sua presença monádica profunda forma uma unidade com o centro galáctico que contém o holograma de toda a galáxia. Concentrando-se na sua Luz-Amor interior, a sua ligação vibracional com o centro galáctico se abre e você pode "sintonizar" qualquer coisa que precise saber. A concentração nesse nível às vezes desperta a dor de velhas feridas que estão prontas para cicatrizar. Perceba como as crises de cura se originam da concentração de energias.

CONCENTRE A ENERGIA INTERIOR

Visualize e sinta a Concentração como o poder de focar a mente. A Concentração diz, "Fique calmo, centrado e em unidade com as coisas. Transforme a distração e a confusão num único ponto de atenção. Veja o Uno em todas as coisas e em cada uma delas".

Afirmação
*Eu concentro a minha energia em diferentes centros
para harmonizá-los e curá-los.*

37 Esfera

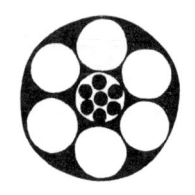

Esta carta revela que você está entrando numa esfera do reino imaginal. Isso pode tomar a forma de sonhos ou visões carregados de significado, ou acontecimentos sincrônicos. Você pode passar a perceber de repente o que certos símbolos significam ou ser capaz de interpretar acontecimentos – como o vôo dos pássaros, a chegada de várias cartas ao mesmo tempo, ligações telefônicas sincrônicas ou a queda de uma árvore. A esfera é como uma semente. Ela tem potencial por meio de padrões de significado, mas ainda não está completamente manifesta. Pode vir até você como uma idéia ou a consciência que antes você sentia de maneira indistinta, mas que agora vê claramente como a fonte das suas ações. Convém dar um tempo à incubação por hora e deixar o espaço imaginal se desdobrar dentro de você. Guarde dentro de si as imagens e idéias que tiver e refreie o impulso de se distrair. Confie nos seus processos interiores profundos.

INCUBE IDÉIAS SEMINAIS

Visualize e sinta a Esfera à sua volta, trazendo-lhe um senso de paz e potencialidade. A Esfera diz, "Incube idéias seminais e deixe que o seu corpo imaginal venha à superfície enquanto sonha acordado. Transforme o vácuo em possibilidades imaginativas. O que você vê?"

Afirmação
Eu me mantenho como uma testemunha silenciosa dos processos e imagens interiores até que eles estejam prontos para brotar.

92 *Despertar*

Você pode agora despertar integralmente dos sonhos inconscientes e subconscientes que teve. A Luz-Amor dentro de você conhece o seu ser. Agora é hora de você conhecer a Luz-Amor como uma energia kundalini que sobe da base da sua espinha, passa pelos chakras e sai pelo topo da sua cabeça e pelo ponto entre as sobrancelhas. Esse também é o despertar da criatividade. Trata-se de um chamado de despertar para viver quem você realmente é. Você pode ver agora as muitas maneiras pelas quais tem estado adormecido e vivendo apenas parcialmente. Esse "sono" está sendo interrompido agora e isso pode estar perturbando você. Abra-se para essa Realidade maior, mesmo que ela lhe pareça chocante. É hora de perceber que esta vida é muito mais multidimensional e vibrante do que você jamais imaginou. Desperte o máximo possível – pois você contém todo o corpo da natureza no seu corpo. Energize-se com o raiar do dia e sinta-se mais forte.

DESPERTE PARA A REALIDADE

Visualize e sinta o Despertar como um raio da divindade na tempestade da confusão. O Despertar diz, "Desperte dos sonhos e atinja a consciência lúcida. Transforme a inconsciência na consciência completa de todos os aspectos do seu ser".

Afirmação
Eu estou despertando para as imagens e energias ocultas
e estou disposto a deixar que elas destruam qualquer visão
de mundo estreita que eu tenha.

38 Dimensão

Agora você pode conhecer dimensões que estão além das três dimensões perceptíveis do espaço. As dimensões dividem a Luz-Amor em múltiplas realidades. Mas para encontrar uma cura, um padrão ou uma arte sagrada para uma pessoa em particular, numa dada situação, você precisa ser específico quanto às dimensões necessárias, pois é por meio delas que as idéias seminais são projetadas em manifestações potenciais. Você pode ter uma imagem ou idéia que precise se manifestar. Procure descobrir se a dimensão apropriada para sua formação no espaço é material, psíquica ou espiritual. Às vezes uma dimensão mais sutil tem um impacto maior, e outras vezes ela exige uma dimensão espacial física para revelar o que é necessário.

EXPANDA AS DIMENSÕES

Visualize e sinta a Dimensão acima, abaixo, à direita, à esquerda, à frente e atrás de você. Imagine múltiplas dimensões se desdobrando dentro de você. A Dimensão diz, "Expanda as dimensões a partir do seu centro interior de modo que o possível possa tomar forma. Transforme a aleatoriedade e a confusão na consciência de novas dimensões".

Afirmação
Sou capaz de perceber que dimensão é relevante
para um determinado problema ou assunto.

91 Rendição

Você talvez esteja passando por uma dificuldade – insônia, obstáculos à realização de seus objetivos –, problemas periféricos à questão principal. Renda-se à Luz-Amor divina e todo o resto se resolverá por si mesmo. Renda-se apenas ao Uno. Talvez você sinta uma energia sutil subindo pela espinha. Permita esse fluxo e essa purificação do seu ser. Abra mão de todos os esforços relativos para controlar – seja a si mesmo ou aos outros. Controle não é poder. Confie na corrente inerente de Luz-Amor divina. Abra mão do controle e da manipulação. Pare de correr atrás das coisas e aprecie a presença de outros seres à sua volta: pássaros, flores, pessoas, animais. Os seus sentidos despertam cada vez mais a cada manhã à medida que você se entrega ao Uno divino. Neste momento, todo esforço para fazer alguma coisa provavelmente funcione como uma distração. Entregue-se ao fluxo e observe o que acontece. A energia kundalini está fluindo através de você.

NÃO RESISTA MAIS AO DESPERTAR

Visualize e sinta a Rendição como a sujeição da resistência às ondas de correntes energéticas. A Rendição diz, "Firme os pés na verdade e na confiança. Liberte-se do desperdício inútil que há em sua vida. Transforme a teimosia e a obstinação em capacidade de reagir com presteza. Mantenha-se pungentemente presente enquanto cede ao impulso rumo à unidade".

Afirmação
Eu renuncio à minha tentativa de controlar – a mim mesmo, os outros ou as situações – e por isso recupero o meu poder pessoal.

39 Espaço

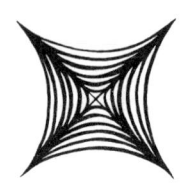

Você precisa de uma arena para o sagrado em sua vida. Encontre ou crie um espaço para comungar com a divindade. Pode ser um espaço físico ou psicoespiritual. Não existem hierarquias nesse espaço, mas uma atmosfera de intimidade, profunda quietude e equilíbrio. Deixe que o eterno viva em você por meio desse espaço. Permita que imagens surjam nesse espaço se quiserem. Observe que imagens ou sentimentos arrastam você na direção do eterno. Se estiver procurando melhorar um relacionamento ou descobrir uma maneira de estruturar um projeto, coloque a sua intenção nesse espaço e deixe que a solução emerja. Não tente fazer nada acontecer, apenas deixe que a solução apareça no espaço sagrado. Pode ser também que você precise de mais espaço para encontrar o seu caminho. Faça um passeio ao campo e dê uma longa caminhada, ou faça algumas mudanças no seu ambiente doméstico ou profissional. Crie as condições espaciais adequadas para a Luz-Amor se manifestar em você.

EXPANDA-SE E SINTA-SE MAIS ESPAÇOSO

Visualize e sinta o Espaço dentro de você e à sua volta. Você é tão permeável quanto o espaço. Feche os olhos e os ouvidos para o mundo exterior. O Espaço diz, "Torne-se espaçoso e invisível. Transforme a contração e a limitação em expansão. Sinta o espaço se ampliar dentro de você na forma de grandes possibilidades. Tome consciência do espaço imaginal se abrindo diante de você".

Afirmação
Estou criando espaço interior e exterior de acordo com as minhas necessidades.

90 Fluxo

Agora você pode realmente fluir. A Luz-Amor está se transmutando em energia criativa para você – pois ela está estimulando e despertando o seu inconsciente. Toda corrente evolucionária está no seu corpo energético e, se sentir algum tipo de dor, saiba que essa é uma área que você precisa abraçar com a sua consciência. Lembranças antigas de sofrimento podem agora vir à tona. Lembre-se, a Luz-Amor é capaz de curar tudo, e sua presença difusa através do seu ser pode libertar você. Você precisa fluir em todos os níveis agora, pois o apego a qualquer coisa fixa só causará mais dor. Sinta e seja flexível. A energia kundalini está subindo pela sua espinha. Sinta-a enquanto ela dissipa toda idéia rígida sobre quem você é. Um fluxo natural de energias evolucionárias irromperá no seu ser e lhe trará um novo nível criativo de ser.

SINTA-SE COSMICAMENTE CRIATIVO

Visualize e sinta o Fluxo como sensações de memória ancestral e de energia primal despertando dentro de você. O Fluxo diz, "Sinta um impulso evolutivo se avolumando dentro de você. Transforme hábitos rígidos num ímpeto de consciência e poder criativos".

Afirmação

Sou receptivo a energias cósmicas e fluo criativamente com elas para o meu bem maior.

40 Forma

Agora você pode criar ou reconhecer uma forma com base nos sonhos que vem incubando há anos. Confie na forma que vê nos seus sonhos ou no espaço imaginal. Você pode conceber o sagrado numa forma transferível a outras pessoas. Mergulhe nas profundezas do seu ser e contemple a forma que realizará os seus sonhos. Essa é uma arte sagrada. Não hesite em explorar formas de arte, jardinagem, música ou dança que você nunca experimentou antes. Você pode manifestar as novas formas que vê coletando materiais que podem ser usados para refletir a forma: contas, sementes, cores, uma flauta ou um toco de madeira. O que consideramos uma matéria substancial não é a forma, mas pode se manifestar na forma. Seja, tanto quanto possível, verdadeiro com a forma que você vê.

PERCEBA O EXTERIOR POR MEIO DO INTERIOR

Visualize e sinta a Forma como a resposta infinita às suas necessidades imaginais. A Forma diz, "Contemple a forma do que você imaginou ser possível. Transforme o caos e informe numa forma específica. Conceba a arte sagrada a partir da sua própria experiência".

Afirmação
Estou dando forma e corpo à minha visão e ao meu amor.

89 Transformação

Você está no umbral de uma grande mudança nos níveis de energia. Para que essa transformação ocorra, você precisa deixar que sentimentos profundos venham à tona. Essa é uma oportunidade para uma grande cura. Você pode obtê-la por meio de sonhos e visões que atinjam profundezas cósmicas. Esse mergulho na consciência abismal não é necessariamente fácil. A sua psique tem camadas de experiência e algumas delas ainda podem conter dores mal resolvidas. Deixe a Luz-Amor fluir através de você e transformá-lo. Isso implica abandonar hábitos e formas obsoletas e ter fé de que a fonte divina amparará você nessa próxima fase da sua vida. Para que isso aconteça, você precisa viver a Luz-Amor, isto é, incorporá-la completamente. Basta ficar atento e não oferecer resistência.

MERGULHE FUNDO E PERMITA A TRANSFORMAÇÃO

Visualize e sinta a Transformação como o poder para transformar a sua energia, os seus pensamentos e as suas atitudes. A Transformação diz, "Mergulhe bem fundo e permita-se sentir a energia em seu corpo. Vá lá dentro de você e desvele o que foi ocultado. Transforme a forma estática numa corrente fluida".

Afirmação
Estou vivendo e incorporando muitas mudanças
energéticas com total confiança na fonte.

41 Energia

Você pode estar sentindo a energia em seu corpo agora como uma fonte de exuberância. Essa energia é um tesouro concedido pelo cosmos para que você use com sabedoria antes de morrer. No entanto, a morte é uma parte do processo da vida no qual a energia se distribui de maneira diferente. Na morte, átomos e moléculas são simplesmente uma dança; enquanto na vida, eles tecem células e tecidos. Esteja consciente do grande valor que a energia tem no seu corpo. Ela aumenta na mesma proporção que a sua gratidão. A energia é a fonte de mudança e transformação, além de ser um sistema de troca universal. Se você se sente desvitalizado, procure ficar em silêncio e perceber as sensações do seu corpo. Procure ter plena consciência dessas sensações – sejam elas dolorosas ou prazerosas – e procure não julgá-las. Agora concentre a atenção e a respiração abdominal no espaço atrás do umbigo por pelo menos dez minutos. Quando a sua percepção se intensificar, o mesmo acontecerá com a sua energia.

ENERGIZE E REANIME

Visualize e sinta a Energia fluindo através do seu corpo inteiro. A Energia diz, "Energize e reanime. Sinta a energia pulsando e se irradiando em ondas à sua volta. Dissipe a exaustão da sua vida e liberte-se de auto-imagens obsoletas. Desperte e dance!"

Afirmação
Sou grato pela energia que sinto e a torno mais intensa
por meio da respiração consciente.

88 Essência

A sua essência é a unificação da energia e da matéria por meio da consciência. As suas células querem que você as sinta, reconheça e deixe que elas elevem a sua vibração até a essência do seu verdadeiro ser brilhar. A essência é a quintessência espiritual da matéria por meio da sua Luz-Amor. À medida que você recebe mais Luz-Amor, ela passa a transformar energia em essência por meio da cooperação entre a sua mais profunda intenção e o seu DNA. Não duvide mais que a mente tem influência sobre a matéria. Você pode confiar que está realmente vivendo a experiência de elevar as vibrações das suas células. Pode acreditar que é capaz de perceber agora que o influxo da Luz-Amor no seu ser começou a fazer mudanças radicais dentro de você. Ninguém disse que a iluminação é fácil ou indolor! Perceba que, se a energia está se retraindo, é porque isso é necessário para refinar a sua percepção das pequenas mudanças que estão acontecendo nas suas células. Elas estão se abrindo para a Luz-Amor no silêncio e na quietude. A volta à essência é uma atividade interior, não uma expressão exterior.

DESTILE E REFINE

Visualize e sinta a Essência como o vôo da borboleta do seu corpo de luz. A Essência diz, "Transmita e refine. Emerja e voe. Transforme toda energia grosseira na pura essência do seu ser. A sua essência é um corpo de luz".

Afirmação

Eu confio no processo de refinamento energético que sinto, e recebo mais Luz-Amor nas minhas células todos os dias.

42 Solidez

Você pode estar se sentindo pesado e denso agora, pois está identificado com o mundo físico. Não se esqueça de que até a matéria é composta de uma dança espacial entre átomos e moléculas. Esta é, na verdade, uma boa hora para incorporar ou manifestar algo que você vem imaginando. É bem provável que você consiga manifestar mais dinheiro ou outras coisas de valor. Depois dê corpo àquilo que ama. Se você se apegou demais à matéria – seja na forma de dinheiro, objetos ou o seu próprio corpo –, é bem provável que esteja limitando a sua capacidade de energizar, descobrir novas direções e manter a lucidez. No entanto, você pode agora criar alicerces firmes para um projeto ou para descobrir um meio de manifestar uma situação muito prática. Perceba que toda matéria é uma massa vibratória.

ACUMULE E ARMAZENE

Visualize e sinta a Solidez dos seus ossos e da sua carne. A Solidez diz, "Acumule e armazene densidade. Contraia e aguarde. Transforme a energia e a dissolução em solidez e corporificação. Sinta a solidez do seu corpo e o caráter tangível dos objetos. O que pode ser mais real do que essa massa?"

Afirmação
Eu percebo a matéria como uma dança espiritual e a manifesto por meio do meu amor.

87 Agregação

Você pode agora agregar a sua essência profunda despertando interiormente e aceitando uma porção cada vez maior de Luz-Amor. A agregação é um poder mutacional da natureza e um processo espiritual de iluminação celular. Não é hora de você se dedicar a atividades exteriores, mas de ficar atento às suas células. Mostre gratidão pelo modo como elas funcionaram e nutriram você ao longo de toda a sua vida. Dê a elas permissão para liberar todas as toxinas e formas-pensamento obsoletas, reativas ou negativas. Por meio da sua consciência, permita que elas se abram para a Luz-Amor e dela se alimentem. Quanto mais se nutrirem diretamente do Uno divino, menos comida precisarão – com exceção de frutos, grãos e hortaliças puras e orgânicas. Visualize a Luz-Amor penetrando em seu corpo a cada inspiração. Você também pode reunir alguns amigos para rezar e meditar, enquanto respiram todos no mesmo ritmo.

MERGULHE INTERIORMENTE E AGREGUE ESSÊNCIA

Visualize e sinta a Agregação como uma incorporação do seu verdadeiro ser, enrodilhado tal qual uma crisálida. A Agregação diz, "Agregue, rodopie e teça a sua essência. Transforme confusão e densidade na agregação do seu corpo de luz. Reúna os fragmentos do seu ser num todo integrado".

Afirmação
*Eu reúno meus amigos e valores que estão
em harmonia com a Luz-Amor.*

43 Inércia

Você pode resistir à mudança de direção agora e teimar em seguir a mesma trilha de sucesso, mas é bom lembrar que as coisas inertes não têm potencial para crescer ou se transmutar. Você pode ter um cargo que lhe confere *status* ou estar seguindo as regras sociais num nível que o impede de perceber o seu eu verdadeiro. Examine o seu condicionamento social ou da infância e perceba que você pode começar a fazer tudo de modo diferente. Isso pode exigir coragem e uma prática incansável. Transformar hábitos é como treinar um animal selvagem. Esteja aberto a uma mudança radical de direção. Deixe o passado para trás. O seu presente é formado pelos seus hábitos do passado, mas a presença é formada pelas mudanças indiretas de hábitos rumo ao presente eterno, o momento vivo. Por outro lado, você pode estar agora trilhando um caminho que poderá mudar naturalmente. Só observe, espere e sinta.

TOME IMPULSO E MUDE DE DIREÇÃO

Visualize e sinta a Inércia em seu sangue. A Inércia diz, "Resista à mudança e sinta o peso imposto pela gravidade. Continue mantendo os mesmos hábitos e você resistirá às mudanças. Agora transforme a própria mudança em resistência para mudar. O impulso da certeza transforma a morte em renascimento".

Afirmação
Eu aceito o impulso quando os meus hábitos favorecem meu mais elevado bem e os transformo quando eles o desfavorecem.

86 Destemor

O universo está nas suas células. Diante da convenção, invoque o seu destemor. O universo tende para a espiritualização e para a iluminação, e o seu destemor é necessário para vencer a resistência com relação a hábitos antigos e ultrapassados. Este pode ser um momento de descansar do trabalho e das responsabilidades impostas pelo mundo, pois você precisa mergulhar fundo dentro de si e enfrentar todos os seus medos – do desconhecido, de ser controlado, de ser uma vítima, de ficar louco ou de morrer. Nesse momento, você pode ter um sono vigilante ou consciente. A vibração das suas células está mudando para se abrir ainda mais para a Luz-Amor. Se você adquiriu o domínio do destemor, isso é sinal de que já superou os medos condicionados e aceitou mais plenamente a incerteza e o mistério da vida. Liberte-se das expectativas e viva com base no amor incondicional. O destemor nutre a sua Luz-Amor.

SUPERE O MEDO

Visualize e sinta o Destemor como uma roda em movimento, que gira a partir do núcleo do seu ser. O Destemor diz, "Testemunhe o inconsciente. Transforme a dúvida, a negação e o medo em aceitação. Mantenha-se vigilante e alerta enquanto dormir. Encare o seu medo de frente e transcenda-o. Como você pode transcendê-lo?"

Afirmação
Eu reconheço e enfrento os medos e, libertando-me do medo de não ser amado, eu vivo no amor incondicional.

44 Direção

Há uma necessidade imperiosa de encontrar uma direção na roda do mundo. Você não vai conseguir isso simplesmente aproveitando o que aparentemente é a melhor oportunidade. A direção que emerge da mudança de hábitos obsoletos do passado tem de ser motivada pelo seu eu interior. Descubra o que lhe dá alegria ou produz uma certeza interior de ser a coisa certa nas atuais circunstâncias. A direção que você segue tem tudo a ver com viver quem você é. Você pode se perder se não *incorporar* e viver a direção na harmonia maior com o seu verdadeiro eu. Esta carta também indica que você tem os meios materiais para seguir na direção que escolheu. Os recursos estão ou estarão à sua disposição. O mais importante é ser verdadeiro com a direção que só faz sentido para você. Siga-a até o fim. Dedique-se à direção que escolheu sem se deixar influenciar pelas opiniões alheias.

DEIXE QUE A ALEGRIA INTERIOR MOSTRE A DIREÇÃO

Visualize e sinta a Direção rodopiando dentro de você em busca de renovação e revitalização. A Direção diz, "Aceite a mudança e coopere com ela para manifestar o que você precisa. Polarize e despolarize as múltiplas tendências que existem dentro de você. Entre no centro de quem você é e manifeste a sua realidade".

Afirmação
Eu opto por direcionar a minha vida de acordo com os valores mais íntegros e unificados.

85 Recordação

Você não precisa mais carregar um mapa que mostre para onde está indo, pois você tem uma memória vibracional em suas células. Os átomos se lembram de que nasceram no sol e as "partículas" subatômicas se lembram de seu nascimento na origem do universo. Você recorda os seus votos, a sua dedicação e o seu propósito quando está sendo sincero. A recordação do estado puro de ser dá à sua energia, e possivelmente até mesmo ao seu DNA, a capacidade de mudar de acordo com o seu verdadeiro eu. Enquanto você estiver esquecido do que sabe o seu ser profundo – da beleza, da verdade e do amor –, mais dificuldade a Luz-Amor encontra para nutrir as suas células. A recordação está encaminhando para a unidade o que a Luz-Amor eternamente emite como elixir da vida. Relaxe e recorde-se, confiando na Unidade. O seu corpo de luz está renascendo à medida que você substitui obscurecimentos por Luz-Amor.

RECORDE QUEM VOCÊ É

Visualize e sinta a Recordação como o processo de voltar para a fonte e para o propósito do seu ser. A Recordação diz, "Solte e evoque, libere e recorde. Transforme bloqueios e falta de memória na consciência lúcida e clara de quem você é".

Afirmação
Eu me recordo da minha essência e dos meus dons,
e os estou aplicando no propósito da minha alma.

45 Planeta

O planeta é um todo no interior do todo maior do sistema solar. Você é um todo no planeta Terra. Você, a Terra e o sistema solar estão, todos os três, em movimento. O movimento sempre busca o equilíbrio no interior do todo. Você passa por um momento em que as suas ações podem ajudar no equilíbrio da Terra como um todo. Isso pode ocorrer por meio de uma ação ecológica ou do cultivo de uma horta, de árvores ou de flores. Ou pode acontecer por meio da pura consciência, quando você aceita os seres sencientes que habitam a Terra. O seu amor pela Terra precisa ser expresso agora. Você pode fazer um desenho, escrever um poema ou redigir um artigo sobre o nosso planeta. Procure sentir como você realmente se sente com relação a ele. Sente pesar pela devastação que ele sofre? Sente-se feliz ao contemplar suas belezas? Como seria possível restabelecer o equilíbrio do planeta para que ele fique mais de acordo com a visão que você tem de uma realidade maior? Agora sinta os elementos dentro do seu corpo e perceba que ele tem a mesma composição que a Terra. Sinta-se em comunhão com o planeta.

COMPRIMA E EXPANDA

Visualize e sinta a essência do Planeta dentro do seu ser. Você e o Planeta são feitos da mesma matéria e podem cumprir seu propósito juntos. O Planeta diz, "Comprima e solidifique-se. Sinta a sua mãe bem-amada. Abarque toda a Terra com a sua consciência".

Afirmação
Eu sinto as qualidades da Terra em meu corpo e a nossa unidade cura a nós dois.

84 Radiância

Agora que você se sente uno com a Terra, pode expressar a radiância do seu ser vivendo a vida com total entusiasmo. O seu coração e a radiância da Terra estão em sintonia. A radiância da Terra está nas flores, nos cristais e nas brincadeiras dos animais. A sua radiância está na expressão da Luz-Amor quando sente gratidão pela vida e pelas dádivas que representam a Terra e o Sol. Quanto mais irradia, mais você sente que a luz é o sistema circulatório de todo o universo. A sua receptividade à Luz-Amor pode se abrir por meio da respiração consciente. Deite-se ao sol com os olhos fechados e inspire luz. A luz que você inspira se misturará com o amor e o prana do seu coração e a Luz-Amor que expira trará mais radiância ao planeta. Receba, sinta-se nutrido e agradeça. Depois expresse tudo o que ama. Quanto mais amor expressar, mais radiância você terá.

IRRADIE AMOR

Visualize e sinta a Radiância como a rendição da percepção à pureza da cor. A Radiância diz, "Brilhe e movimente-se. Ame, ria e respire luz. Você mesmo é vibrações de cor. Transforme a estagnação do planeta em irradiação de amor".

Afirmação
Eu inspiro a luz do sol e o amor da Terra e irradio amor e luz.

46 Elementos

Você precisa trabalhar com a Terra. Vá para a praia, para as montanhas ou saia no quintal da sua casa e comungue com os elementos. Podem ser os quatro elementos – fogo, ar, água e terra – ou elementos atômicos como a sílica, o cobre e o carbono, por exemplo. Pense que o seu corpo, assim como os "corpos" da Terra, do Sol e das estrelas são feitos desses mesmos elementos. Minerais, plantas e animais – em níveis variados, todos compartilham os mesmos elementos. Preste atenção nos pequenos detalhes de um dado projeto – a sua saúde ou uma obra de arte. Cores, formas e sons exatos também são elementos. Todos os elementos têm uma coisa em comum: eles estão em harmonia uns com outros, em vários níveis. Alguns deles explodem quando combinados, outros se misturam e outros vibram em ressonância mútua. Como você se relaciona com as outras pessoas por meio do seu traço elemental?

SEPARE, DISSOLVA E MISTURE

Visualize e sinta os Elementos dentro de você e à sua volta. Os elementos dizem, "Sinta o fogo, o ar, a terra e a água reunindo-se e misturando-se dentro de você. Deixe que os fluidos e gases se mesclem. Sinta os elementos nutrindo o seu corpo e garantindo a sua sobrevivência".

Afirmação
Eu reconheço e distingo as características de cada elemento e trabalho com eles para me regenerar e regenerar toda a vida.

83 Visão

Agora você tem condições de enxergar com mais clareza, intensidade e perspectiva. À medida que dá e recebe uma quantidade cada vez maior de Luz-Amor, você vai percebendo como usar a energia em benefício de todos. Você consegue ver como usar a energia solar, eólica ou hídrica para fazer a energia circular por vários lugares. Isso significa perceber que as pessoas, as nações ou os continentes não estão separados. Todos os seres são beneficiados quando o desejo de controle ou manipulação é completamente dizimado. Veja como a luz, a energia eletromagnética e a alegria fluem livremente e você perceberá que os outros vêem também. Ver é perceber que todos se beneficiam quando a energia circula pelo todo. Você vê esse benefício, mas será que consegue tomar uma atitude com relação a isso? Existe alguma coisa que você possa fazer para estimular as outras pessoas a ver isso também, de modo que a Luz-Amor possa fluir?

VER E FLUIR

Visualize a Visão como a abertura das portas da percepção. A Visão diz, "Mantenha a luz brilhando na escuridão. Sinta o espírito dentro de todas as coisas transmutando a poluição, a toxidade e a cegueira no livre fluxo de luz. Quando muda a sua maneira de ver as coisas, você pode mudar o mundo".

Afirmação
Eu vejo como toda a vida está interligada e que a Luz-Amor é a moeda corrente e o sistema circulatório do universo.

47 Crescimento

A sua vida está se desenrolando de um modo seqüencial que ressoa com toda a vida. Esse é um crescimento evolucionário – gradual, passo a passo. Tenha paciência e confie no processo pelo qual você está passando. Não tente andar mais rápido do que as suas pernas agüentam. Agora você também pode apreciar o crescimento das outras pessoas, das plantas, dos animais. Fale com as células do seu corpo e perceba que elas podem compreender a sua intenção. Com a cooperação do seu corpo e da sua mente subconsciente, o seu crescimento será mais fácil e prazeroso, promovendo uma profunda sensação de relaxamento. O crescimento está ocorrendo na matéria e na mente ao mesmo tempo. O seu desenvolvimento progressivo é assegurado quando você vive um dia de cada vez. Não tenha receio de se aventurar por espaços incertos e desconhecidos, mesmo que se sinta tão vulnerável e sensível quanto o broto de uma planta.

FINQUE RAÍZES, RASGUE A TERRA E CRESÇA

Visualize e sinta o Crescimento dentro de você e à sua volta. O Crescimento diz, "Receba a luz do Sol, o ar, a água e o alimento e seja grato pela fonte de todo crescimento. Transforme a inatividade na busca pelo seu propósito. Sinta os elementos sendo combinados e buscando novos rumos de crescimento".

Afirmação
Pouco a pouco, a minha vida segue seu rumo, num estado descontraído de confiança em cada momento.

82 Renascimento

Você é um agente do renascimento do planeta por meio do seu ser. Quem percebe esse fato em toda a sua profundidade vê a eternidade em cada flor, em cada estrela, em cada árvore. Em outras palavras, você agora pode sentir o seu corpo e as suas células por meio da Luz-Amor eterna que conhece a Unidade do seu corpo tão bem quanto de todos os outros corpos. O renascimento pode ser ou não doloroso, dependendo da sua capacidade de abandonar a idéia de que todo desenvolvimento ocorre de modo vagaroso e seqüencial. O renascimento é uma mudança repentina de percepção, que de temporal passa a ser eterna. Deixe a Luz-Amor permear o seu ser por meio dos "poros" das suas membranas celulares. Esta é uma aventura pelo desconhecido. Você é um ser único e, ao mesmo tempo, universal. Transcenda o tempo e busque uma nova criação. Quando fizer isso, outras pessoas o imitarão e o planeta poderá renascer.

DINAMIZE O DESENVOLVIMENTO

Visualize e sinta o Renascimento como o útero radiante do coração, canalizando luz para os locais sagrados ao redor da Terra. O Renascimento diz, "Dinamize o desenvolvimento e rompa o casulo do sombrio confinamento. Revitalize a sua alma".

Afirmação
Eu estou renascendo para o meu ser eterno e vivo me surpreendendo, criando a partir do que não conheço.

48 Consciência

A sua consciência pode estar no piloto automático. Agora é hora de usá-la voluntariamente para perscrutar e compreender outros seres. Por meio da consciência, a vida adquire inteligência por meio dela mesma. Examine os padrões da vida – as cores, as formas, os sons e os gestos – tendo em mente que tudo está espelhado em você mesmo como um desdobramento da evolução. Talvez você se dê conta agora de uma certa parte de um problema no qual está envolvido ou examinando. Mantenha a atenção desfocada, como se estivesse fitando uma parede branca. Deixe simplesmente a mente aberta. Mantenha essa mente aberta – sem se concentrar num objeto – pelo maior tempo que puder. Agora, o que surge na sua consciência? Não julgue, não censure nem deixe a mente divagar em busca de explicações. Apenas testemunhe a consciência.

FIQUE CONSCIENTE DAS OUTRAS PESSOAS POR INTERMÉDIO DE SI MESMO

Visualize e sinta a Consciência dentro da sua mente, do seu coração e do seu corpo todo. A Consciência diz, "Contemple os outros por meio de si mesmo. Transforme a ignorância inconsciente na consciência de que todo universo está vivo e consciente. Sinta toda a evolução como a sua linhagem ancestral".

Afirmação
Por meio da consciência eu participo da inteligência universal.

81 Iluminação

A iluminação é a opção de se purificar a ponto de ver que não existe nenhuma separação na natureza nem no espírito. Cada fóton contém todos os outros fótons, mas na iluminação eles se irradiam como sóis e estrelas no interior da mente humana. Dê atenção a tudo o que você vê, percebendo que todas as coisas são um todo indiviso. E esse todo é feito apenas de Luz-Amor. Nada mais. Sinta, abrace e contemple a Luz-Amor até que você se *torne* Luz-Amor e fique totalmente iluminado. Para isso é preciso liberar tensões, antagonismos e dificuldades. Mantenha a consciência vigilante mas descontraída, confiando na Unidade. Neste momento, você confia plenamente na Unidade, você está iluminado. Pode optar agora por ser inteiro.

ILUMINE-SE

Visualize e sinta a Iluminação como a luz interior da consciência, centrada no coração. A Iluminação diz, "Brilhe interiormente. Lembre-se, você é um com a fonte do Sol. Transforme a opacidade em transparência e derreta os obstáculos no fogo da consciência".

Afirmação
Eu me torno Luz-Amor vendo a verdade abençoada
e o todo em tudo o que vejo.

49 Lei Cósmica

Você pode agora concretizar e executar algo que está verdadeiramente fundamentado nas leis do universo. Não hesite em se manter firme no que intuitivamente divisou e escolheu fazer. Se está incerto, examine o que fez no passado. Procure distinguir os bons valores dos ruins até encontrar princípios que façam sentido para você. Questione-se: isso é regenerador? Isto é, conduz você a novos começos, como frutos que dão novas sementes? É holográfico? É uma prioridade, entre todos os seus valores? É transcendental? A lei aponta para além de si mesmo, para o desconhecido? Esses são alguns critérios a seguir se você quer avaliar um princípio ou lei segundo o qual nortear a sua vida. Agora abra-se para a lei universal de que precisa para dar o próximo passo no seu desenvolvimento.

ENCONTRE CONSTANTES UNIVERSAIS

Visualize e sinta a Lei Cósmica permeando o seu ser. A Lei Cósmica diz, "Encontre constantes universais. Descubra o todo e o que aplicar em muitos casos. Deixe de lado o que é aleatório e questione os seus próprios motivos e valores. Qual é o seu critério para definir a verdade?"

Afirmação
Eu baseio os meus valores nas leis cósmicas mais
profundas de que tenho consciência.

80 Verdade

☐

Agora você pode ter a ousadia de *viver* a sua verdade. Tenha coragem de viver a sua soberania integralmente agora. Tudo o que é ilusório ou falso na sua vida está se consumindo. Como? Com o abandono de pontos de vista rígidos e apegos emocionais. Ore apenas pela verdade. Cada vez que suplica pela verdade e se abre incondicionalmente, você vive mais. Se quer saber se algo é verdadeiro ou não, incorpore-o. Não tente adivinhar. A mente, pequena, nunca é capaz disso. A verdade é o estado do ser, não é um conhecimento. Ela é desvendada e vivida quando você elimina todos os obstáculos e resistências que o impedem de viver quem você é. A verdade é a freqüência vibratória mais elevada de um campo-pensamento em harmonia com a sua mais profunda presença. Relaxe enquanto se mantém consciente. A Luz-Amor flui para todos os momentos em que você vive a verdade.

INCORPORE A VERDADE

Visualize e sinta a Verdade como a manifestação do espírito dentro de você. A Verdade diz, "A sua vida é o caminho. Transforme leis e regras ultrapassadas na verdade vivida. Transforme pontos de vista fixos em ação espontânea. Confie no seu discernimento".

Afirmação
Eu estou vivendo a verdade do meu ser.

50 Conflito Interior

Você está separando os seus desejos da integridade do seu ser? Uma maneira de superar o conflito consigo mesmo consiste em intensificá-lo ao mesmo tempo que o observa imparcialmente até dissolvê-lo num estado de paz. Outra maneira consiste em evitá-lo, o que faz com que ele se intensifique espontaneamente. Nos dois casos, é bom perceber que ele tem um propósito – impressionar a sua consciência com o fato de que você está julgando a ponto de criar uma extrema tensão. Essa tensão não é fruto apenas de um conflito de valores. É o conflito de uma parte do seu ser com o todo do seu ser. A dor pode criar tensão e resistência, mas só o todo pode encontrar paz. Supere qualquer separação, especialmente apegos autocentrados, e pare de se culpar. Respire fundo e aceite o conflito. Então veja o que acontece.

SEPARE A LEI CÓSMICA

Visualize e sinta o Conflito Interior como um reflexo dos valores do mundo. O Conflito Interior diz, "Separe uma coisa da outra e polarize os extremos. Transforme a unidade em diversidade e deixe o conflito vir à tona. Só por meio da confrontação dinâmica você pode começar a ver os pontos cegos. Perceba que valores os seus ancestrais e a sua cultura impuseram sobre você".

Afirmação
Eu respiro fundo e solto todo julgamento.

79 Passagem

Você pode agora superar todos os obstáculos, pois está incorporando a verdade. Os bloqueios que antes impediam a sua visão ficaram transparentes. Ou, se não ficaram ainda, esteja certo de que ficarão. Busque apenas a verdade. Reze para encontrar a verdade. Ouça e abra o coração e a mente para o que está certo. Isso não tem nada a ver com costumes, hábitos, leis tradicionais, moralidade ou o que os outros podem pensar. A passagem é a qualidade que se destaca na sua vida quando você se deixa levar pela verdade de cada momento. Você não pode antecipar qual será a verdade de cada momento. A sua consciência se abrirá, simultaneamente com a mente e o coração, para saber qual é a próxima ação a empreender. Os seus sentimentos, pensamentos e realizações estão agora em total unidade com a Luz-Amor que o conduz nos tempos de maior dificuldade.

SUPERE

Visualize e sinta a Passagem como a entrada e a travessia para uma vida vivida com base na verdade. A Passagem diz, "Abandone antigos hábitos e siga em frente. Seja um com a verdade e supere a resistência. Transforme o julgamento numa resposta lúcida e o conflito interior num desafio criativo".

Afirmação
*Eu supero as dificuldades mantendo a
unidade de coração, mente e ação.*

51 Provações

Você pode ter a impressão de que está lutando contra um mar tempestuoso ou contra um adversário invencível, mas trata-se apenas de uma busca pela verdade que existe dentro de você. Pergunte a si mesmo: Como posso recuperar ou invocar o meu maior merecimento? Como posso expressar a fonte da verdade em meu ser? Essas são perguntas relacionadas à auto-estima e à confiança. Você enfrenta provações sempre que sente medo. E esses medos são causados pelas feridas que existem no seu coração, na sua alma, na sua mente e no seu corpo. Essas feridas estão agora guardadas na sua memória celular. Pare de se acusar e simplesmente sinta. Enfrente o oponente e abrace-o. Deixe que as provações sejam um processo de dissolução dos traumas. Pare de se apegar aos resultados e concentre-se no que está sentindo – enquanto reserva um lugar para as aflições. Esse é um teste de fé, tanto em si mesmo quanto no divino.

LUTE, PERSISTA E EXPERIMENTE

Visualize e sinta as Provações como os impulsos para diferenciar a verdade do que é falso. As Provações dizem, "Lute, batalhe e tente. Transforme a complacência e a apatia num esforço para descobrir como as coisas funcionam. Experimente muitas coisas e enfrente o desconhecido. Onde estão as raízes dessas provações?"

Afirmação
*Eu aceito as provações como um teste de fé quando me
disponho a defender o que valorizo.*

78 Abertura

Agora que você já passou pelas provas de fogo, pode se abrir para uma vida nova. Você pode ter a impressão de que está sendo empurrado para um tsunami ou turbilhão, mas este é um momento de abertura para a verdade. Ao entrar nessa nova fase, o senso de oportunidade é importante. A energia está fluindo e você está chegando na crista da onda. Mantenha constante a sua intenção de entrar nessa nova fase e vivê-la. Todas as provações estão transformadas neste momento de abertura. Abra o coração e a mente à Unidade da Vida. Não imponha resistência caso surjam adversidades, pois você é forte o suficiente para mantê-las sob a Luz-Amor até que derretam. A abertura é uma mudança energética que transforma uma perspectiva e um curso de ação limitados num círculo abrangente de possibilidades. Agora você pode escolher os valores da sua vida. A sua nova vida está começando com novas portas imprevistas surgindo diante de você.

ABRA O CORAÇÃO E ACEITE DE BRAÇOS ABERTOS

Visualize e sinta a Abertura como uma passagem para a verdade que lhe possibilita superar a negação. A Abertura diz, "Entre e atravesse. Transforme os bloqueios, as dificuldades e as tribulações numa simples abertura de novos caminhos. Permaneça firme no umbral do desconhecido fulgurante".

Afirmação
Eu estou me abrindo para incontáveis oportunidades
e mantenho constante a minha intenção.

52 Voz da Consciência

Você está agora examinando o que há de bom e de ruim nos seus pensamentos, palavras e atos. É muito bom examinar a si mesmo dessa maneira, mas você precisa definir muito bem o critério que usará para distinguir o bom do ruim. Está se baseando nos valores culturais e na moral dos seus pais? Todos os credos compartilham quase a mesma moralidade universal (não matar, não roubar, não levantar falso testemunho, etc.). Seja qual for o credo ou a tradição a que você pertença ou que o influencie, repare se você está se culpando demais ou se não está vendo onde realmente errou. Basta ficar consciente dos seus enganos e corrigi-los. Não há por que se culpar. A culpa é apenas uma desculpa para não corrigir o que é preciso! Reconheça os seus erros e tome a firme decisão de corrigir os seus pensamentos, palavras e atos. Será mais fácil discernir a voz da sua consciência a partir de então.

VEJA A CORREÇÃO DA UNIDADE

Visualize a Voz da Consciência como a verdade dos valores na relação entre a lei cósmica e o mundo. A Voz da Consciência diz, "Você não se furtará da conseqüência dos seus atos. Veja a unidade e a retidão em meio à diversidade e à confusão. Examine o que você nega e enfrente as conseqüências das suas ações. Seja honesto consigo mesmo e defenda a sua verdade, independentemente do seu *status quo*".

Afirmação
Eu conheço a origem do meu código de ética e
corrijo os meus erros sem me culpar.

77 *Confissão*

A confissão dos erros que você comete na vida remove os obstáculos à sua verdadeira correção. A confissão é o primeiro passo para se conhecer o todo por meio da Luz-Amor viva. O conhecimento do todo corrige a parte que resiste a ele e nos deixa aptos a contribuir com a cultura como um todo. Esse é um processo de dissolução do ego – no qual você vê o todo de si mesmo, da cultura, da humanidade interligados pela verdade. Quando confessa a si mesmo os seus erros, a verdade o liberta. Isso lhe possibilita ver a sua parte na relação com a cultura, com a humanidade e com o universo como um todo. Às vezes pode implicar uma completa renúncia à posição autocentrada em benefício de todo o grupo. Quanto mais profunda for a sua confissão – sem que você se culpe –, mais cristalino e inteiro você se torna e mais incorpora a verdade.

SIGA A VERDADE

Visualize s sinta a Confissão como uma honestidade ampla e incondicional. A Confissão diz, "Exija a verdade e dissipe toda a falsidade. Transforme a negação e a postura defensiva em confissões sinceras. Perceba que, no passado, você pode ter projetado a sua culpa nos outros, mas agora tome a decisão de aceitar os próprios erros".

Afirmação
Eu confesso os meus erros do passado e atendo
ao meu verdadeiro chamado interior.

53 Cura

Você precisa diminuir o ritmo, parar e voltar-se para o seu mundo interior por um tempo. Deixe a sua compassiva testemunha interior refletir sobre como o seu corpo se sente. Ouça as suas células. Elas querem que você se mostre grato por elas o servirem tão bem e há tanto tempo. A cura não é apenas física, mas uma integração do corpo, da psique e do espírito. Essa integração só será possível se você parar de se sobrecarregar. Ouça o seu espírito. Sintonize a sua alma e a sua mente com o espírito e o seu corpo terá descanso e se revitalizará. Se você está suscetível a uma doença ou se recuperando dela, pergunte-se como os seus desejos e medos contribuíram para isso. Veja como as suas formas-pensamento podem ter causado essas emoções. Abra mão do controle. Renda-se à Luz-Amor divina, que a tudo cura. Sinta que você é amado.

MERGULHE INTERIORMENTE E RENDA-SE A DEUS

Visualize e sinta a cura como uma esfera em torno de você, repleta de essências transformadoras sutis. A Cura diz, "Mergulhe interiormente e aceite a sua vulnerabilidade. Transforme a velha postura defensiva num aberto senso de ser. Transforme o seu medo da dor numa experiência de sensibilidade equilibrada. Agora vivencie a vulnerabilidade como ternura".

Afirmação
Eu sou amado e ouço o meu corpo e a minha alma, deixando de lado todas as minhas tendências nocivas.

76 Casamento

Os seus aspectos masculino e feminino estão aptos agora a realizar o verdadeiro casamento interior. Quando ele se consumar, a sua chance de se realizar num relacionamento equilibrado será muito maior. O casamento é uma realização profunda do fluxo de Luz-Amor através de todas as fibras do seu ser. Todas as frustrações que você pode ter tido no passado – relacionadas à união com o sexo oposto – podem agora ser transformadas se você simplesmente aceitar e acolher a reação exagerada dos seus pais. Aceite qualquer conflito com o amor. Tome consciência de que os conflitos e as frustrações não passam de energia confinada em formas-pensamento fragmentadas. Elas se transmutarão quando você estiver pronto para permitir o fluxo de Luz-Amor por todo o seu ser. Depois disso o corpo se extasiará na pureza com o parceiro escolhido.

UNA E PREENCHA

Visualize e sinta o Casamento como a fusão dos opostos dentro de você. O Casamento diz, "Reconheça as diferenças e veja como elas atuam em conjunto. Permita a fusão entre os seus aspectos feminino e masculino. Funda-se, abra-se e seja preenchido. Transforme a separação e a oposição em união interior".

Afirmação
Eu estou percebendo que tenho reagido inconscientemente
aos meus pais e agora estou equilibrando os
meus aspectos masculino e feminino.

54 Percepção

Agora que você está mais integrado, a sua percepção está se intensificando. Confie na sua capacidade de ver de modo multidimensional e vá além das aparências. O seu desafio é se manter consciente em todas as circunstâncias – sejam elas agradáveis, neutras ou dolorosas. Você pode até perceber que a sua percepção continua ativa até mesmo durante o sono. Não se deixe levar pelo que as pessoas querem que você veja ou pense. Tenha fé de que a sua percepção enxerga o que existe atrás das máscaras e dos disfarces. Você pode estar numa situação difícil – até mesmo aprisionado –, mas a sua percepção pode ir além das paredes, se a sua atenção persistir na firme intenção de manter a neutralidade. Emoções reativas como raiva ou culpa diminuirão rapidamente a sua percepção. Cultive a serenidade e a neutralidade e a sua percepção o libertará.

ATENÇÃO! ENCONTRE A SAÍDA

Visualize a Percepção como um poder todo-abrangente para ficar alerta e vigilante. A Percepção diz, "Encontre a saída e olhe de frente a falsidade. Contemple as suas próprias farsas e ilusões e veja-as como elas são. Transforme a distração e o entorpecimento em atenção plena".

Afirmação
Está se intensificando a minha percepção da Verdade
do que está acontecendo.

75 Clareza

Agora você tem condições de ver com clareza. Você pode ter mentido para si mesmo no passado – para evitar a dor –, mas agora vê com tamanha clareza que já não pode mais se enganar. Antes de ser claro com as outras pessoas, você precisa ser claro consigo mesmo. Se purificar a sua vida de alguma maneira – fazendo dieta, exercícios ou limpeza na aura –, essa clareza será cada dia maior. Mergulhe no seu mundo interior e examine experiências dolorosas pelas quais tenha passado, buscando as suas raízes na ilusão e na falta de clareza. Você estava desorientado? Por que preferiu acreditar nisso? Os seus ideais estavam tão distantes da realidade que você não viu o que estava de fato acontecendo? A honestidade consigo mesmo é essencial para que a clareza brilhe em seu ser. Talvez você precise enfrentar algumas lembranças traumáticas. Algum desejo ou medo reprimido talvez seja a causa das ilusões que você possa ter. Basta olhar de frente esse desejo ou esse medo e qualquer coisa que seja ilusória se romperá como uma bolha de sabão, permitindo que a sua clareza se revele.

CONTEMPLE COM INTEGRIDADE

Visualize e sinta a Clareza como uma inteligência lúcida dentro de você. A Clareza diz, "Olhe nos olhos do seu bem-amado e veja com nitidez. Você vê a pessoa que ama ou a projeção do que deseja que ela seja? Transforme a confusão e a indefinição num amor que vê".

Afirmação
Por meio da purificação e da honestidade comigo mesmo
eu vejo com mais clareza, dissipando as ilusões.

55 Vontade

Você precisa exercer a sua vontade agora, mas não de maneira dificultosa ou estressante. Use a vontade como uma extensão da intenção. Coloque em prática a percepção que você tem. A sua intenção fica cada vez mais clara à medida que você usa a vontade para vencer adversidades ou superar obstáculos. O principal é ter uma visão clara do que você está fazendo e não desistir nunca de seguir na direção que representa o bem maior para todos os envolvidos. A vontade pode facilmente se tornar controle e manipulação, com relação a si mesmo ou às outras pessoas. Isso é prejudicial, pois o uso correto da vontade é antes um profundo desejo de amor na alma do que de dominação. No entanto, há casos em que é preciso deter uma pessoa destrutiva, e a melhor maneira de se fazer isso não é pela força, mas pela ação positiva consistente e em concordância com uma clara intenção. A vontade negativa então se enfraquece naturalmente. Você pode fazer isso agora.

PASSE A SEGUIR NA DIREÇÃO PLANEJADA

Visualize e sinta a Vontade como a sua capacidade de movimentar, criar, manter firme e sustentar o que escolheu. A Vontade dirá, "Inicie a sua visão da verdade. Siga numa direção. Transforme incerteza e hesitação num poder que manifestará o que você quer ver como verdade".

Afirmação
*Eu uso a minha vontade com intenção clara
para o benefício de todos os envolvidos.*

74 Poder

O seu poder se manifesta pela presença do seu Eu superior. O poder não é nem rígido nem obstinado, mas sempre persiste na sua verdade. O poder inicia a flexibilidade por meio do perdão. Abra-se para a Luz-Amor divina que existe dentro de você e você se sentirá muito mais forte e capaz. Isso diz respeito ao seu poder pessoal. Se você tem a tendência de dar o seu poder para os outros, ou de se envolver com lutas de poder, você não está sendo suficientemente receptivo para que a Luz-Amor possa se manifestar na sua vida por meio do seu Eu superior. Se for esse o caso, pare, interrompa qualquer esforço que esteja fazendo e abra-se para a presença divina. Ouça. Seja receptivo. O poder pode vir como um aumento de energia sutil, como luz ou como um claro senso de direção. Quando ela vier, deixe que revele o seu poder. Esse é o girar da roda da lei, às vezes simbolizado pela cruz suástica. Ela não é um símbolo negativo, mas tem sido mal-empregado.

GIRE A RODA DA LEI

Visualize e sinta o Poder como uma força interior que flui da fonte responsável por revitalizar todo o seu ser. O Poder diz, "Gire a roda cósmica. Transforme a rigidez em firmeza e a vontade própria em poder de ação. O seu poder não é uma força ou uma dominação, mas uma presença".

Afirmação
Eu recebo poder da Luz-Amor divina e a uso para iluminar
a mim mesmo e as outras pessoas.

56 Integração

A sua alma, o seu corpo e a sua mente estão prestes a se integrar com o seu espírito. Os vários níveis do seu ser estão sendo purificados e reunidos para desvendar o seu ser eterno e diamantino. Se você sente que está sendo puxado em várias direções, isso é sinal de que existe uma resistência a essa integração. Pensamento e sentimento estão profundamente conectados na sua memória celular. Se existe um trauma ou uma mágoa antiga (consciente ou inconsciente) que ainda retenha formas-pensamento negativas, é essencial que você preste atenção em sensações de dor que possa sentir no corpo. Mergulhe nessa dor e deixe que imagens aflorem. Continue consciente e procure não reagir a esse sentimento intenso. Faça isso pelo tempo que for necessário e você logo chegará naturalmente à integração.

CENTRE TODA MUDANÇA

Visualize e sinta a Integração como uma plenitude dos vários aspectos do seu ser. A Integração diz, "Veja a unidade na diversidade. Transforme a separação, a fragmentação e a auto-alienação em inclusão e holismo. Sinta todos os aspectos de si mesmo como um todo".

Afirmação
Mantendo-me centrado e consciente, eu permito
que todos os aspectos do meu ser se tornem integrados.

73 Androginia

Interiormente, num nível sutil, você é feminino e masculino. A androginia é o casamento alquímico interior. Aceite todos os opostos dentro de si mesmo e vivencie as polaridades como uma fusão da energia psicoespiritual masculina e feminina. Se reconhecer antigas feridas e buscar a fusão dos opostos dentro do seu ser, você criará uma matriz vibracional para revelar a sua androginia interior. Você está agora num estado em que pode parar completamente de fazer projeções sobre o seu parceiro – os seus ideais sobre o sexo oposto. É importantíssimo ouvir, ver e receber de braços abertos a pessoa que ele realmente é. Esse é um teste para você descobrir até que ponto a androginia (fusão do masculino e do feminino) está completa dentro de você. Você sentirá a Luz-Amor quando essa androginia for plena.

DESCUBRA A TOTALIDADE INTERIOR

Visualize e sinta a Androginia como o equilíbrio do masculino e do feminino dentro da sua alma. A Androginia diz, "Olhe e sinta os complementos do seu animus (masculino) e da sua anima (feminino) dentro de você. Quais qualidades se complementam e quais estão em oposição? Como você pode trabalhar com essas tensões?"

Afirmação
*Eu reconheço as projeções e percebo o equilíbrio
do masculino e feminino dentro de mim.*

57 Geração

Você agora está em condições de gerar o que é necessário para a sua família, para os amigos e para a sociedade como um todo. A geração é a sua capacidade de se abrir para a força vital e para as energias do universo, e canalizá-las para uma síntese que traga benefícios culturais. Isso inclui uma sexualidade poderosa e presença espiritual. Não hesite em empreender o que você sente ser necessário. A pureza e o poder dos seus sentimentos são as suas diretrizes para essa mudança evolucionária e cultural. Esse é um fortalecimento pessoal que pode promover a mudança correta na família, na carreira profissional ou nas estruturas sociais. Confie no influxo de energia e deixe que ele atue em você e em todos os envolvidos. Você pode tomar a iniciativa e conseguir evocar em seu grupo uma ordem mais cheia de amor e vitalidade. Reconheça o seu próprio poder de liderança.

GERE DESCENDÊNCIA

Visualize e sinta a Geração como o seu poder de gerar uma descendência significativa para a sua família e para o seu grupo. A Geração diz, "Seja você mesmo. Dê a sua semente, as suas propriedades e o seu sangue aos seus descendentes e sucessores. Transforme impotência em potência e no poder da linhagem e da tradição".

Afirmação
Eu estou tomando a iniciativa de gerar as mudanças sociais necessárias na minha comunidade ou no meu grupo.

72 Sinarquia

Agora que confia no seu poder pessoal, você pode trabalhar com outras pessoas na função de conselheiro. Lembre-se de que todo mundo é senhor em si mesmo e de si mesmo, o que torna cada pessoa capaz de contribuir com o todo de uma maneira sinérgica. Hoje, dar a sua contribuição é muito fácil e natural e extremamente necessário para o grupo como um todo. Perceba que *você* tem dons especiais que ninguém mais tem igual. E isso vale para todas as pessoas. Na sinarquia não há lugar para nenhum sentimento de competitividade. Se ele surgir, considere-o um processo de transformação rumo à sinarquia. Basta que você fique atento às sensações provocadas por esse processo e continue a se relacionar com as outras pessoas de maneira aberta e sincera. Quando estiver meditando, rezando, trabalhando ou conversando com outras pessoas, fique atento ao dom da presença de cada pessoa. Se a gratidão brotar no seu coração, isso é sinal de que você está realmente fazendo parte da sinarquia.

RESPEITE A TODOS DENTRO DO TODO

Visualize e sinta a Sinarquia como uma consciência grupal presente no seu ser e no seu relacionamento com as outras pessoas. A Sinarquia diz, "Inclua e gratifique-se. Transforme os objetivos separatistas em sintonização harmoniosa. Aceite cada pessoa e criatura única como uma dádiva criativa para a comunidade".

Afirmação
Eu confio tanto nos meus dons únicos que sou capaz de honrar e receber os dons das outras pessoas.

58 Uniformidade

Você está vivendo uma rotina repetitiva em sua vida e por um tempo precisa aceitar isso como uma prática. É só por meio da total aceitação que você conseguirá se livrar dessa pressão tão angustiante. A uniformidade é um método de harmonização social que leva o sistema nervoso a entrar no mesmo ritmo diário das outras pessoas. É necessário fazer ajustes de modo que o grupo trabalhe como um todo e avance de maneira mais suave. Não há lugar, agora, para a individualidade exacerbada. Por outro lado, você, como indivíduo, pode aprender a ser mais humilde e a ter mais respeito pelos outros, e pode até mesmo competir com eles. Isso não significa que você se identifique com o que faz. Abra mão dessa identificação e aproveite os ritmos comuns da vida.

ORGANIZE OS RITMOS

Visualize e sinta a Uniformidade como o *status quo*, a repetição e competição da vida. A Uniformidade diz, "Transforme o comportamento errático em rotinas. Descubra a oscilação entre trabalho, lazer e sono. Obedeça aos ritmos e aos valores do mundo terreno".

Afirmação
*Eu trabalho com as outras pessoas nos ritmos diários
da vida que precisam de regulagem para cumprir seu propósito.*

71 *Tecnologia*

Tendo confiança em si mesmo e sendo claro nas suas relações com os outros, você pode usar a tecnologia – seja um mero garfo ou algo tão complexo quanto um computador – para contribuir com o bem de todos. A tecnologia é um meio, não um fim. Use-a com sabedoria para atingir os propósitos da sua alma. A tecnologia cultural é uma constatação consciente de que os todos interagem entre si. O seu corpo tem uma tecnologia extremamente delicada, complexa e bem ordenada. Perceba como você pode contribuir para o corpo cultural por meio da tecnologia. O principal é indagar: para que propósito ou finalidade maior a tecnologia está sendo usada? Depois descubra qual é a tecnologia mais adequada no seu caso. Ela tanto pode ser simples como complexa, pode imitar a natureza ou ser uma invenção nunca antes vista. De toda maneira, use-a com amor no coração.

INVENTE E DESENHE

Visualize e sinta a Tecnologia como uma extensão da sua mente, dos seus membros e dos seus sentidos no mundo. A Tecnologia diz, "Compreenda as tecnologias da natureza interiormente direcionadas. Encontre meios delicados de abarcar e modular a maneira como a natureza trabalha dentro de você e dentro dos reinos. Os instrumentos podem ser aperfeiçoados e adquirir mais precisão quando estão em harmonia com os ritmos e o espírito da natureza".

Afirmação
Eu uso instrumentos como meios de expressar o meu
amor pela minha comunidade ou pelo meu grupo.

59 Revolução

Aceite as grandes reviravoltas e ciclos presentes na sua vida agora. É hora de vivenciar os aspectos da vida que você ignorou ou negou no passado. Deixe de lado todos os julgamentos sobre o que está acontecendo, pois eles só acentuam os "problemas". Só viva as mudanças com atenção plena. Siga em frente e seja radical agora – a sua energia e os seus lampejos intuitivos podem oferecer a possibilidade de um salto qualitativo no seu ambiente social. Perceba que não houve nenhum retrocesso na maneira como as coisas aconteceram. Aproveite a inspiração dada pelos novos relacionamentos ou pela nova maneira de encarar os antigos relacionamentos. Siga adiante e canalize as suas energias nas idéias sociais que propiciem mudanças no *status quo*. Procure perceber como você foi condicionado pelos seus pais e pela cultura em que vive. Agora que antigos hábitos estão sendo questionados, a sua personalidade está passando uma revolução radical. Confie no seu eu mais profundo para que possa suportar com desenvoltura essa revolução.

SEJA RADICAL E MUDE DE POSIÇÃO

Visualize e sinta a Revolução como o poder para vencer regras despóticas e tirânicas. A Revolução diz, "Seja radical quando necessário. Transforme temperança, compromisso e paciência numa revolução completa. Esse é um caminho sem volta. Siga em frente e transforme-se".

Afirmação
*A mudança nos meus relacionamentos faz parte de
uma grande transição social.*

70 *Cooperação*

Agora que a sua individualidade se estabilizou na Luz-Amor, você pode trabalhar com outras pessoas em total cooperação. Se você tem receio de ser dominado ou de que reste um espírito de competição, pode ter certeza de que tudo isso chegará ao fim. Os seus relacionamentos se fortalecerão quando você se dispuser a ouvir as opiniões e reconhecer os dons e contribuições dos membros do seu grupo social, da sua família ou da sua equipe de trabalho. Você pode ser uma força extremamente positiva agora, pela sua mera presença e percepção. Dê menos ênfase ao *fazer* e mais à disposição de ficar simplesmente consciente. Um grupo mais coeso e sinergicamente harmonioso está nascendo em seu meio. Quanto mais capaz você for de reconhecer à sua volta as pessoas dispostas a exercer a verdadeira cooperação, mais amplamente essa nova cultura emergirá. Evite ficar dependente dessa cooperação. Cooperação é interdependência. Abra-se para a maravilha e a facilidade que ela inspira.

OUÇA AS OUTRAS PESSOAS E COOPERE COM ELAS

Visualize e sinta a Cooperação como uma concordância entre você e os outros. A Cooperação diz, "Viva e aja em comunhão com todos, pois vocês são um único todo. Transforme a competição e a incerteza em cooperação e os seus ganhos serão multiplicados".

Afirmação
Eu coopero com as outras pessoas tomando consciência da minha própria individualidade assim como dos valores que elas cultivam.

60 Regeneração

É maravilhoso que você esteja incluindo todos os tipos de pessoas num processo regenerativo pelo qual está passando. O seu corpo, a sua mente e/ou a sua alma estão se regenerando para incluir outras pessoas em suas preces e pensamentos. Pode haver ocasiões em que se sinta incerto acerca da sua orientação com relação a elas, mas isso pode ser sanado se você mergulhar fundo em seu centro – no seu coração e plexo solar – e acolher todas as pessoas ou situações que lhe deixam apreensivo. A regeneração acontece quando você procura atingir outras pessoas em todas as direções e, embora não saiba o que possa resultar disso, acredite que as sementes de novos começos estão presentes no fruto do seu próprio crescimento. Em vez de buscar o fruto, simplesmente fique centrado enquanto tenta entrar em contato com as outras pessoas. Como uma árvore, o seu grupo vai se regenerar.

DESCUBRA A FONTE E REGENERE-SE

Visualize e sinta a Regeneração como o poder de incluir na sua vida outras raças, culturas e jeitos de ser. A Regeneração diz, "Seja versátil e despreconceituoso. Não exclua ninguém do seu coração e vença os desafios impostos pelas diferenças. Transforme a discriminação e o exclusivismo na disposição para encontrar um lugar para cada pessoa e para todas".

Afirmação
Eu faço contato com pessoas de todos os tipos e acredito no processo maior de unificação da humanidade.

69 Individualidade

Agora que se encara com mais aceitação, você pode dar de si aos outros. Deixe a Luz-Amor brilhar através de você e seja mais sensível às necessidades das outras pessoas. Seja qual for a situação, você pode tomar a iniciativa em qualquer empreendimento que julgar necessário. A sua individuação consiste em sentir uma completude de corpo, alma, mente e espírito que torne dispensável qualquer tipo de luta. Isso significa que a sua personalidade condicionada foi ou será agora despojada de todos os seus sentimentos relativos ao medo ou ao desejo de dominar. Isso significa que o seu eu superior e o seu ego chegaram a um acordo e estão em paz. Você não pode acabar com o seu ego (ou ele acabaria com você!), mas pode conceder a ele a função de reger a mente e os sentimentos práticos, que são, por sua vez, receptivos às diretrizes da mente superior e do corpo espiritual. A sua individualidade consiste numa completude e serenidade maravilhosas. Aproveite!

FIQUE MAIS FORTE SENDO VOCÊ MESMO

Visualize e sinta a Individualidade como uma força específica que sustenta o seu ser único. A Individualidade diz, "Viva para si mesmo. Transforme a insegurança em auto-aceitação. Aceite o todo dentro de você e você dentro do todo".

Afirmação
*Eu reconheço a minha individualidade única como
um todo a serviço de um todo maior.*

61 Êxtase

Quando você der fim à projeção do mundo ilusório, o êxtase tomará conta do seu ser. Quando amar a Deus, você viverá uma libertação extasiante. Purifique a mente, o coração e o corpo. Deixe que a Luz-Amor brilhe através de todas as suas células. Perceba que essa bem-aventurança requer prática constante com a intenção de libertar-se da ilusão por todos os seres. Muitas vezes a dor faz parte do processo de eliminação dos obstáculos ao êxtase. Deixe vir esse êxtase, mas não tente controlá-lo nem se agarrar a ele. A dor e o êxtase podem se alternar enquanto você retira as camadas acumuladas durante eras de postura defensiva. Saiba apenas que só existe um meio de atingir o êxtase: seguindo em frente incansavelmente, eliminando ilusões, suportando a dor e deixando tudo isso para trás. O êxtase é o seu caminho para a liberdade.

SAIA DO PROGRAMA

Visualize e sinta o Êxtase como um vórtice de luz dentro do seu coração, expandindo o seu ser. O Êxtase diz, "Purifique a sua alimentação, os seus pensamentos e sentimentos e você sentirá bem-aventurança. Sinta a unidade com todas as coisas. Transforme a limitação e a confusão em radiância extasiante. Sinta a concepção do seu eu divino como resultado da purificação".

Afirmação
Eu sinto um êxtase cada vez maior à medida que me entrego à Luz-Amor e dissipo a ilusão.

68 Pureza

Você pode agora dar substância à sua visão pura e ao sentimento de como a vida pode ser. A pureza consuma a doação. Quando você se doa com pureza, fica mais receptivo às dádivas divinas. Não busque retribuição para os seus pensamentos, para as suas palavras ou para os seus feitos; deixe a pureza ser uma dádiva divina de Luz-Amor. A pureza é a perfeita realização da Terra Celestial dentro de você. Ela é a experiência simultânea do sofrimento e da bem-aventurança. Deixe que a sua intenção vá além dos reinos dos efeitos. Não busque nenhum resultado que não seja a pureza de cada instante. De momento em momento, você pode aceitar o que quer que aconteça a você ou à sua volta. Viva pelo bem de todos – até dos seus "inimigos". Essa pureza não é uma idéia nem um ideal, mas uma experiência viva de aceitação e paz em meio à diversidade ou à bem-aventurança. Maravilha das maravilhas! Você vive agora na pureza!

PURIFIQUE E CONCRETIZE

Visualize e sinta a Pureza dentro do seu corpo, da sua mente e do seu coração. A Pureza diz, "Viva cada momento e fique atento. Deixe para trás todos os hábitos que não revelam a sua essência. Transforme pensamentos conflituosos e confusos em total deslumbramento e puro deleite".

Afirmação
Eu não busco recompensas, quero apenas me doar com intenção pura, cofiando na consumação do todo.

62 Criatividade

O êxtase dentro de você está se irradiando em novos padrões que despertam o seu potencial criativo. A criatividade o leva para bem longe do ego, à medida que você deixa a inspiração levá-lo a empreender ações corajosas. Você pode agora superar o seu medo de não ser aceito ou amado. Você pode entrar num reino de puro deleite criativo. Se parte de você resistir ao fluxo de consciência divina através de você, é possível que sinta dor ocasionalmente. Aceite a dor e deixe que ela se transforme. A criatividade é um fluxo que pode fazer com que novos caminhos de vida se manifestem, assim como obras de arte ou invenções. Cante, dance, use cores e dê à sua criança interior espaço para brincar e se desenvolver. Nada é inevitável, mas está aberto a possibilidades criativas.

CRIE NOVOS PADRÕES

Visualize e sinta a Criatividade como a matriz interligada do útero divino da mãe cósmica à sua volta. A Criatividade diz, "Preencha a matriz com o amor e a abundância que irradiam de você. Transforme confinamento numa irradiação de êxtase em padrões totalmente novos. Enfrente os desafios da vida com imaginação. Deixe que o novo seja concebido dentro de você".

Afirmação
Eu participo do fluxo criativo e usufruo a inovação
espontânea que jorra de dentro de mim.

67 Construção

A sua criatividade é agora tão constante que você pode contribuir conscientemente com a cultura na Terra Celestial. Essa construção cultural é uma ação paulatina inspirada na visão utópica que é, na verdade, uma memória profunda de uma Terra pura e perfeita. O descanso celestial é uma parte intrínseca da atividade terrena quando você constrói com base na Luz-Amor. A totalidade é inerente a todas as coisas e, à medida que você evoca essa realidade, uma nova cultura se constrói. Seja primeiramente receptivo; depois, movido pelo que o inspira, parta para a ação incansavelmente. Dia após dia, a todo instante, siga na direção da construção. Não pense na destruição. A vontade obsoleta com o tempo destruirá a si mesma. O seu objetivo é avançar com base na confiança que tem no todo que existe dentro de cada pessoa e em todos os seres. Pesquise desenhos, possíveis formas para construções, relacionamentos, negócios ou qualquer aspecto da vida que o interesse.

CRIE INCANSAVELMENTE

Visualize e sinta a Construção como o poder para manifestar formas inspiradas por meio da ação diária. A Construção diz, "Desenhe e construa. Transforme movimentos aleatórios em passos progressivos na criação de uma Terra Celestial. Deixe-se guiar pela alegria e pela beleza do seu propósito de construir".

Afirmação
Estou constantemente manifestando a visão
dos meus mais elevados valores.

63 Serviço

Você pode agora dar livremente de si mesmo, mesmo que ainda sinta que está separado das outras pessoas. A memória é o código das possibilidades de vida que são recriadas como serviço à vida. Quando você se lembrar mais claramente do seu verdadeiro propósito, saberá quais são as suas possibilidades. Sinta-se feliz por servir aos outros – especialmente aqueles que buscam o divino. Mas perceba que até mesmo o mendigo, o criminoso, o desorientado – estão todos eles em busca do bem-amado divino. A sua presença, oferecida com amor, é um sinal para eles da presença do bem-amado. Pode ter certeza de que o serviço, realizado com boas intenções, aproxima você também do divino. Em todos os pensamentos, em todas as palavras e em todos os atos benevolentes, você é levado para mais perto da fonte, o Criador. Se você vê outras pessoas como se fossem você mesmo e cuida delas como cuidaria de si, você está realmente servindo com devoção.

SIRVA AO CRIADOR

Visualize e sinta o Serviço como o seu nascimento para o mundo. O Serviço diz, "Você e eu somos um só, ainda assim eu anseio por dar e receber. Eu recebo o dom da vida e quero servir à vida. Aceitando a mim mesmo aqui e agora, eu posso ajudar os outros".

Afirmação
Estou servindo aos meus semelhantes e aos seres sencientes sendo simplesmente sensível a eles.

66 Devoção

Agora você está percebendo que você e o bem-amado divino – o objeto da sua devoção – são uma coisa só. Não existe separação entre você e o ser a quem serve. A devoção revela a Unidade que se manifesta entre o eu e o outro. Num espírito de devoção com o coração aberto, você pode empreender com equanimidade qualquer ação – independentemente de quanto ela possa ser agradável ou exaustiva. Com devoção você morre para os gostos e aversões e renasce para o significado da vida. Lembranças mortas se tornam poesia quando você confia no seu coração devotado. Essa poesia é a expressão plena da sua auto-aceitação. Dedique-se à música, à arte, à jardinagem, à faxina da cozinha ou à inauguração de um negócio. Quanto mais se dedica a uma tarefa, mais paz e amor você sentirá. A Luz-Amor transbordará do seu ser à medida que você expressar devoção. A própria devoção é uma atitude que une todas as polaridades.

UNA-SE COM O SEU BEM-AMADO

Visualize e sinta a Devoção como um sentimento de unidade com o seu trabalho, com a pessoa amada, com um professor ou com um filho. A Devoção diz, "Transforme contenção e separação em atividade mútua. Encontre a si mesmo por meio das outras pessoas e devote-se ao Uno em todas as coisas".

Afirmação
Eu me dedico ao meu trabalho, aos meus amigos, às minhas tarefas e a Deus na mesma medida – pois nós somos todos um.

64 Liberdade

A sua liberdade não está relacionada aos outros, ao mundo ou à realidade, mas sim ao apego. O desapego é o abrir das pétalas da libertação. Quanto menos se identificar com determinados pensamentos, sentimentos ou ideais, mais livre você será. Você passou toda a sua vida numa jaula feita de condições, entranhada e engendrada dentro de você. Agora você pode começar a abrir mão dessas condições e perceber que o seu verdadeiro ser não pode ser possuído. A liberdade é um tipo de sacrifício – na medida em que você vê tanto o bem quanto o mal como sagrados, como parte do todo. Quando você mergulha fundo o suficiente, não existe apego e nesse estado de pura liberdade nada pode aprisionar você. Seja quem você é e você é livre!

LIBERE E RETORNE À FONTE

Visualize e sinta a Liberdade como pétalas de lótus da realização da sua vida criativa. A Liberdade diz, "Abra mão de toda possessividade e siga adiante. Aproveite a diversidade da vida. Transforme o apego e a obstinação em flexibilidade e deliciosa incerteza. Viva cada momento com confiança".

Afirmação
Mais livre eu me torno à medida que abro mão das condições que não servem ao meu bem maior.

65 Doação

Constatando a sua unidade com toda a vida – com o bem e com o mal –, você percebe que não pode haver nem perda nem ganho quando você se doa aos "outros". A doação é uma qualidade fundamental que precisa se disseminar pela Nova Terra. A Luz-Amor brilha através de todo ato de doação. Os raios da Luz-Amor chegam ao verdadeiro ser na liberdade, e a sua retribuição é o seu interesse na doação. Doe o que você não usa mais. Passe adiante as riquezas que chegaram às suas mãos – seja em dinheiro, em mercadorias ou em sabedoria ou amor. O ato de doar aos necessitados expande a essência de todo aquele que recebe e volta para o todo. A expansão da doação traz iluminação e inspiração, de modo que é feita uma oferenda consciente ao bem-amado divino.

DOE E RECEBA POR MEIO DE TODAS AS COISAS

Visualize e sinta a Doação transbordando de você como uma expressão do livre estado de ser. A Doação diz, "Seja grato e faça oferendas. Você recebe por meio de tudo que cruza o seu caminho. Transforme a escassez e a pobreza em gratidão e a abundância fluirá".

Afirmação
Eu dou livremente e deixo que Deus julgue o certo e o errado – pois eu conheço a unidade da vida.

Que caminhos você está trilhando?

Para ver um padrão maior que mostre como as várias cartas que você sorteou se relacionam entre si, você pode mapear os seus Caminhos Terapêuticos. Esses caminhos revelam um guia mitopoético, embora prático, de conscientização. Assim como as *Cartas Vibracionais de Cura* e as próprias leituras, esses caminhos são como espelhos. Eles refletem quem você é, de onde veio e que direção seguirá rumo ao futuro. A diferença é que os Caminhos Terapêuticos lhe proporcionam uma perspectiva mais ampla por meio de um grupo de cartas.

COMO PROCEDER

Faça várias fotocópias, ampliadas se quiser, dos mapas da Nova Terra e dos da Antiga Terra. Você usará essas cópias para circular os símbolos das *Cartas Vibracionais de Cura* que sortear ao longo de um certo período de tempo ou que estiverem relacionadas a uma série de perguntas. Convém numerar as perguntas e os símbolos correspondentes numa ordem cronológica para que você saiba a que pergunta se refere cada carta. À medida que for sorteando mais cartas e circulando os símbolos correspondentes, observe se elas estão na posição vertical, horizontal ou diagonal. Em seguida, consulte esse padrão nos mapas dos Caminhos Terapêuticos apresentados nas páginas seguintes. Consulte as leituras correspondentes a cada Caminho nas páginas 156 a 185.

As Leituras dos Caminhos da Antiga Terra estão entre as páginas 156 e 168. Esses Caminhos são apresentados na seguinte ordem:

Eixo Horizontal, Eixo da Existência, Eixo da Essência e Eixo Vertical. Os Caminhos da Nova Terra vão da página 173 à 187 e seguem a ordem inversa: Eixo Vertical, Eixo da Essência, Eixo da Existência e Eixo Horizontal. Os nomes dos símbolos que se encontram nas extremidades de cada Caminho são a chave para você encontrar o caminho certo. Eles estão sob o **título** do Caminho nas Leituras. Só os nomes dos símbolos que se encontram nas extremidades é que são apresentados sob o título do Caminho. Por exemplo, o 7º Caminho da Antiga Terra, chamado "Módulos Energizantes", inicia-se com o símbolo 41, energia, e termina com o símbolo 62, Criatividade. Esse Caminho inclui os símbolos 42, Massa; 45, Planeta; 46, Elementos; 57, Geração; 58, Uniformidade; e 61, Êxtase.

Os Planos Terapêuticos que ficam entre a Antiga Terra e a Nova Terra são apresentados na página 188.

Caminhos Terapêuticos da Antiga Terra – Eixo Horizontal

Centramento							
Visões Pulsantes de Luz e Sombra							
Padronização Cósmica							
Inter-relação e Organização em Rede							
Receptividade Holográfica							
Mãos à Obra							
Módulos Energizantes							
Manifestação e Reciprocidade							

Caminhos Terapêuticos da Antiga Terra – Eixo da Essência

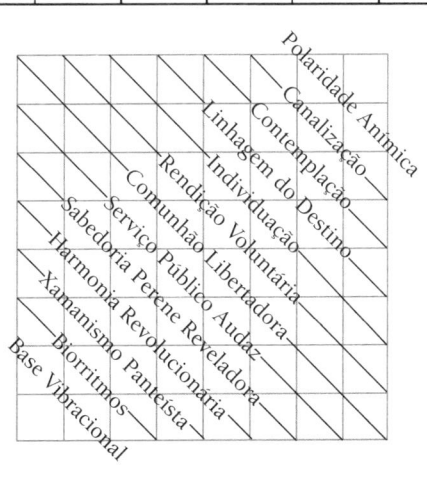

Polaridade Anímica
Canalização
Contemplação
Linhagem do Destino
Individuação
Rendição Voluntária
Comunhão Libertadora
Serviço Público Audaz
Sabedoria Perene Reveladora
Harmonia Revolucionária
Xamanismo Panteísta
Biorritmos
Base Vibracional

Caminhos Terapêuticos da Antiga Terra – Eixo da Existência

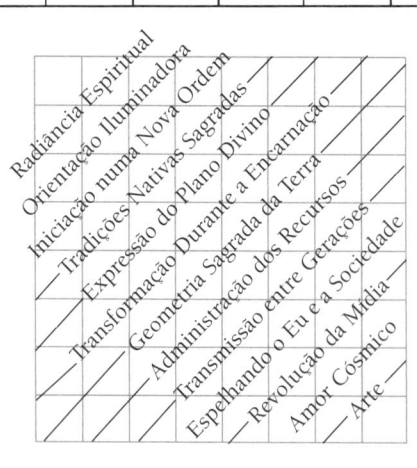

Radiância Espiritual
Orientação Iluminadora
Iniciação numa Nova Ordem
Tradições Nativas Sagradas
Expressão do Plano Divino
Transformação Durante a Encarnação
Geometria Sagrada da Terra
Administração dos Recursos
Transmissão entre Gerações
Espelhando o Eu e a Sociedade
Revolução da Mídia
Amor Cósmico
Arte

150

Caminhos Terapêuticos da Antiga Terra – Eixo Vertical

| Hierarquia Radiante | Governança Natural | Ecologia Invisível | Economia Dimensional | Ética Espiritual | Tecnologia e Magia | Artes e Cura | Psicologia Criativa Profunda |

Caminhos Terapêuticos da Nova Terra – Eixo Vertical

Paz na Prática	Arte Sagrada	Sabedoria Prática	Serviço Espiritual	Comunidade Global	Incorporação Tecnológica	Cura Psicológica	Educação Equilibrada

152

Caminhos Terapêuticos da Nova Terra – Eixo da Existência

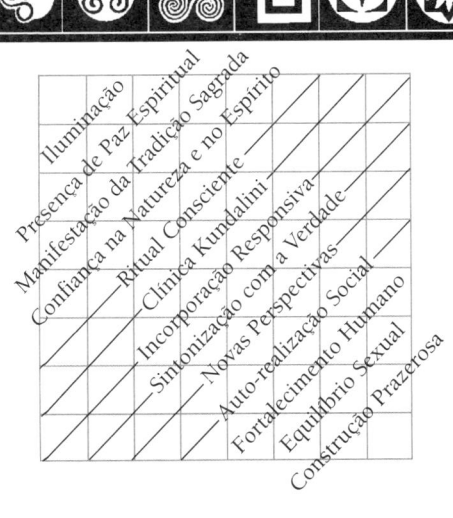

Caminhos Terapêuticos da Nova Terra – Eixo da Essência

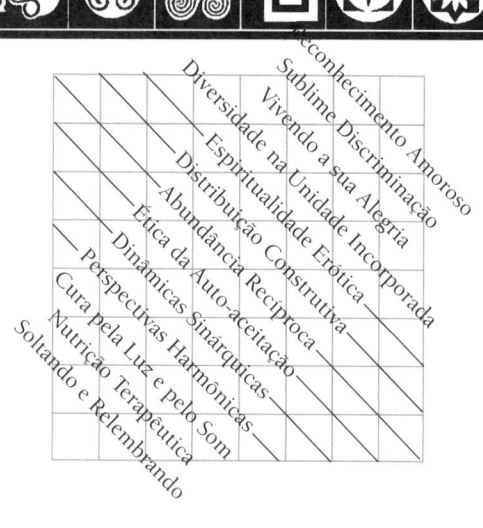

Reconhecimento Amoroso
Sublime Discriminação
Vivendo a sua Alegria
Diversidade na Unidade Incorporada
Espiritualidade Erótica
Distribuição Construtiva
Abundância Recíproca
Ética da Auto-aceitação
Dinâmicas Sinárquicas
Perspectivas Harmônicas
Cura Pela Luz e pelo Som
Nutrição Terapêutica
Soltando e Relembrando

154

Caminhos Terapêuticos da Nova Terra – Eixo Horizontal

	Realização Espiritual
	Transmutação
	Organização Global em Rede
	Confiança na sua Poesia
	Lucidez Ética e Cura Ressonante
	Constância em Meio à Mudança
	Construção e Comunicação
	Ecologia Social

ANTIGA TERRA

Caminhos do Processo Criativo da Antiga Terra
(Eixo Horizontal)

1 Centramento:
(1 Eternidade – 22 Desejo)

Você pode agora começar a usar a criatividade em comunhão com fontes espirituais. Pode agir com base na profunda unidade que sente quando está verdadeiramente centrado. Acalente momentos eternos e saiba que eles ocorrem quando você é mais você mesmo. Mantenha o amor e os desejos em equilíbrio com a totalidade da sua intenção espiritual e você terá um vasto potencial no qual buscar recursos. Você pode iniciar agora um projeto que exigirá toda a sua criatividade.

2 Visões Pulsantes de Luz e Sombra:
(3 Fogo Espiritual – 24 Sombras)

Este caminho pode levá-lo a ter vislumbres de processos primais em que tudo é caótico ou turbulento. Mas até mesmo esses processos têm a sua própria ordem, que permitem a reestruturação da sua vida. Se você deixar que antigas formas venham abaixo, sombras e pontos cegos que você tentou esconder no passado serão iluminados. Abra a sua intuição e viva na expansão de todo o seu campo áurico e você será capaz de enxergar novas possibilidades criativas. Você agora pode aprender tanto sobre a doença quanto sobre a arte do poder da projeção. Deixe para trás as projeções reativas alucinadas, e visões claras começarão a surgir.

3 Padronização Cósmica:
(9 Orientação Interior – 30 Razão)

Você pode criar ou instaurar modelos culturais de ordem mais elevada, baseados na sabedoria antiga. Também pode ver códigos nos campos da genética, da microbiologia e na física. Pode explorar campos da engenharia e criar modelos para sistemas de computador. Defenda as suas convicções com coragem, pois você pode encontrar padrões formais em qualquer sistema, capazes de propiciar uma base clara para compreensões mais profundas. A matemática pode ser muito bem aproveitada especialmente se você usa a imaginação em conjunto com a razão. Você pode fazer planos e projetos para tudo o que for necessário.

4 Inter-relação e Organização em Rede:
(11 Ordem – 32 Pensamento)

Você agora tem mais poder de fogo nas áreas da comunicação e da mídia de qualquer tipo. Se examinar civilizações antigas, pode encontrar qualidades particulares que propiciem a transmissão de certos códigos, modelos e matrizes que são aplicáveis neste momento da história. Você pode fazer novas conexões, não só entre sistemas, mas na mente das pessoas. Pode divulgar novas descobertas no campo da história, mas também no da fisiologia e da mecânica. Pode ter acesso a padrões por meio da memória e, à medida que mostra os caminhos de harmonia e desarmonia trilhados ao longo da história, trazer à tona informações relevantes para os tempos de hoje.

5 Receptividade Holográfica:
(33 Vórtice – 54 Percepção)

Este caminho pode levar você a perceber que as fontes da natureza e da cultura são resultados de uma projeção de intenções. Você pode vê-las por si mesmo como uma imagem holográfica dentro da projeção. Olhe o universo como um modelo de todos dentro de todos e veja como idéias seminais tornam-se imagens, e como essas imagens atuam dentro das leis dimensionais. Fique atento às considerações éticas quando estiver executando desenhos e planos detalhados sobre o seu projeto criativo. Conflitos em qualquer área da vida podem tirar a nitidez das imagens. Corrija os problemas que surgirem sendo receptivo ao modelo holográfico.

6 Mãos à Obra:
(35 Tempo – 56 Integração)

A vida no mundo espaço-temporal das formas é cheia de testes e provações, mas são justamente essas dificuldades que nos levam a transformar a nossa vontade própria num eu mais integrado com a nossa vontade amorosa. Tenha paciência para trabalhar com as formas na natureza. Observe que certas formas são universais e outras, específicas. Veja como a metamorfose atua na embriologia. Você pode agora harmonizar a natureza e a cultura por meio da descoberta da sua própria inteireza.

7 Módulos Energizantes:
(41 Energia – 62 Criatividade)

Este caminho ajuda você a tornar as suas idéias e planos mais tangíveis e a insuflar energia neles. O trabalho nos campos da física, da geologia ou da química é importante agora para que você encontre os meios corretos para tornar tangível o que você criou. Você pode combinar elementos em novos padrões e duplicá-los. Aproveite tradições do passado para fazer mudanças tecnológicas, por meio da comunicação, transmissão e catalogação da informação. Acima de tudo, energize os seus projetos e você provavelmente se sentirá extasiante.

8 Manifestação e Reciprocidade:
(43 Inércia – 64 Liberdade)

Você está agora totalmente consciente do campo da existência tangível e pode manifestar as invenções em que trabalhou até agora. Você pode mostrar uma direção clara e padrões de crescimento tanto no reino natural quando no social. A sua manifestação criativa pode de algum modo revolucionar a sociedade. É a percepção do grande contraste entre o atraso inercial da consciência humana e os serviços autênticos que possibilitam a liberdade dos seres humanos. Ofereça serviços que levem as pessoas a perceber o quanto o transporte compartilhado e a troca de informações são importantes para que a humanidade não seja prejudicada pelo seu próprio desperdício tóxico.

Caminhos das Práticas Espirituais da Antiga Terra
(Eixo da Essência)

9 Polaridade Anímica:
(21 Amor – 24 Sombras)

Este caminho lhe ensina a prática para ver os pontos cegos e as sombras da sua alma. Isso o libertará do conflito, pois você deixará de culpar os outros por todos os problemas que tem. Aceite a tensão entre o amor e a negação ou o medo como parte do processo da prática espiritual da equanimidade.

10 Canalização:
(18 Inspiração – 30 Razão)

Quando abre a alma para a verdadeira inspiração, você consegue expressar vozes e visões inspiradas de maneiras compreensíveis para as outras pessoas. Este caminho afirma a prática de projetar o espírito por meio da alma e de se comunicar por meio da mente. Assuma a responsabilidade por todo esse projeto, pois essa é uma parte integral dessa prática. Não se trata de canalizar a voz de Deus, mas o seu Eu superior.

11 Contemplação:
(17 Intenção – 32 Pensamento)

Este caminho afirma a prática de entrar em contato com sua intenção mais profunda, aquela que existe desde antes do seu nascimento, e torná-la plenamente visível. A visão pura é espontânea e consiste numa clara ação do espírito, enquanto a imaginação é um ato voluntário da mente. Você agora pode usar tanto o espírito quanto a mente para dar substância à sua intenção original, tornando-a puro pensamento contemplativo. Você poderá, a partir de então, entrar em contato com a inteligência universal.

12 Linhagem do Destino:
(6 Ovo Cósmico – 54 Percepção)

Este caminho orienta você na prática da receptividade espiritual, da memória evolucionária e da aceitação kármica. Quando se abre para o pleno potencial da vida universal por meio da intuição, você consegue tomar consciência do seu passado ancestral através dos seus pais, até tomar conhecimento de toda linhagem evolucionária que você desenvolveu ao longo de várias encarnações. Parte da prática de conhecer o seu destino é aceitar a ancestralidade, o ambiente e a circunstância exata em que você se encontra. Você tem o contexto perfeito para realizar o seu potencial espiritual nesta vida.

13 Individuação:
(5 Fonte – 56 Integração)

Você tem um potencial infinito, mas ele é limitado pela sua visão da vida. Quando sente a divindade no ser humano, você consegue ver o divino nas outras pessoas e realizar mudanças importantes que podem levar à individuação. Este caminho ajuda você a praticar a ativação da intensidade vital de modo que circule no seu corpo energia sutil suficiente para possibilitar uma cura "milagrosa". Essa cura pode mudar a sua maneira de ver as coisas, fazendo com que possa ver o divino em todas as pessoas e sentir a totalidade do seu eu individuado.

14 Rendição Voluntária:
(2 Olho Divino – 62 Criatividade)

Este caminho mostra que a cada dia você se rende mais à perspectiva divina e pode iniciar processos envolvendo a mente superior. Pratique meditação com a intenção de receber mais esclarecimentos sobre o plano cósmico inerente ao ser humano como microcosmo. Você pode passar por um conflito ou sofrer até dor física, mas essa é a prática da autotransformação criativa que lhe possibilita realizar o divino enquanto ser humano. Pratique a rendição da sua vontade própria ao plano que a sua mente superior revela, enquanto usa a vontade de maneiras criativas eficazes que estejam de acordo com esse plano superior.

15 Comunhão Libertadora:
(1 Eternidade – 64 Liberdade)

Quando adquire equilíbrio e energia espiritual para fazer sacrifícios, o que o deixa apto para comungar com as fontes eternas de todos os universos, você se liberta da autolimitação. Pratique a abertura para a revelação de que a fonte está presente em todas as coisas, o divino está presente em todas as ações. Esse caminho leva você a se abrir para a lei cósmica e para a libertação de condições relativas que prejudicam o propósito maior de libertação de todos os seres da ignorância. Liberdade não significa respeitar gostos e aversões (o que só leva a vícios), mas praticar a consciência de como as coisas realmente são.

16 Serviço Público Audaz:
(3 Fogo Espiritual – 63 Serviço)

Quando tem a coragem de realizar práticas espirituais intensas que o capacitam a trabalhar no mundo, você consegue desenvolver a persistência necessária para vencer todos os tipos de provação. Você pode usar os meios de comunicação de massa ou as tecnologias existentes nas diversas culturas para divulgar os seus serviços. Este caminho afirma o seu poder de usar os instrumentos e métodos necessários deste mundo no serviço à humanidade como um todo. Você pode usar alguns processos matemáticos. A sua busca espiritual é uma parte necessária do seu serviço. A polaridade da busca espiritual e da vida terrena pode criar obstáculos, mas você agora tem condições de trabalhar em prol da justiça.

17 Sabedoria Perene Reveladora:
(9 Orientação Interior – 60 Regeneração)

Este caminho leva você a adquirir uma consciência profunda das raízes espirituais de todas as culturas viáveis numa sabedoria perene. Você agora tem capacidade de iniciar essa consciência descobrindo os padrões seminais das culturas antigas e tribais. Você pode trabalhar no campo da história, da arqueologia, da antropologia, ou em alguma forma de xamanismo. A geometria, a divinação, o mapeamento sagrado dos mundos, as linhas leys – são todos eles parte dessa prática. Extraia a sabedoria perene das tradições antigas e tribais e faça um registro detalhado dos seus achados. Você também pode se envolver diretamente com povos primitivos contemporâneos e transformar as práticas e leis sagradas desses povos em algum tipo de neoxamanismo, para ajudar a regenerar a sociedade moderna.

18 Harmonia Revolucionária:
(11 Ordem – 59 Revolução)

Você tem a capacidade de pesquisar e praticar todos os tipos de ordens harmônicas de ressonância e ordem social. Por meio de sons, cores, formas, números ou movimentos você pode usar essas qualidades vibracionais em rituais para revolucionar alguns aspectos da sociedade. Pode estudar padrões de ressonância, a interação entre os elementos, as cores e as formas no espaço, como em mandalas e yantras. O estudo da arquitetura e dos projetos das cidades antigas, medievais e tribais, é uma prática extremamente interessante neste momento. Examine a história das civilizações durante períodos críticos de mudança de um estilo de vida para outro e as causas subjacentes a essas revoluções.

19 Xamanismo Panteísta:
(33 Vórtice – 48 Consciência)

Você agora tem capacidade para explorar as fontes da natureza com uma consciência lúcida e de perceber as hierarquias naturais.

Este caminho afirma a sua prática de ver o espírito na natureza e a divindade em todos os planetas, estrelas, pedras e flores. O conhecimento da imanência da divindade habilita você para práticas xamânicas e ação ecológica. A consciência planetária é a parte central da sua prática espiritual, especialmente quando você pratica a percepção global.

20 Biorritmos:
(35 Tempo – 47 Crescimento)

Você pode agora entrar no ritmo das coisas por meio dos ciclos. Procure ficar consciente da sua pulsação, da sua respiração e do ritmo do seu caminhar. Tente perceber os seus ciclos mental, físico e emocional e busque informações astrológicas referentes ao seu signo. Este caminho revela a relação entre nascimento e morte, entre crescimento e decadência, e o modo como todas as coisas crescem e decrescem em ciclos. Você pode agora desenvolver um controle maior do tempo com relação às hierarquias de ciclos maiores e menores, de modo a fazer recircular a energia vital pelo seu ser. Você também pode entrar em sintonia com a natureza como um todo.

21 Base Vibracional:
(41 Energia – 44 Direção)

Quando você estuda os sistemas energéticos da natureza e trabalha com eles, consegue entender e sentir a base vibracional da matéria. A física e a metafísica podem lhe dar um entendimento profundo das leis cósmicas da matéria e antimatéria. A carga e a direção do movimento das "partículas" fundamentais podem ser examinadas. Quando percebe que a matéria é o aspecto mais sujeito à variação da existência, você pode perceber a sua base como um mar de vibrações que paradoxalmente apóia a sua vida.

Caminhos da Experiência da Antiga Terra
(Eixo da Existência)

22 Radiância Espiritual:
(3 Fogo Espiritual – 2 Olho Divino)

Você tem uma experiência direta com uma ampla perspectiva espiritual. Pode passar a ter clarividência e transformar a sua vida por meio do fogo espiritual. Você agora pode aprender por meio da iluminação intensa dentro da sua própria experiência.

23 Orientação Iluminadora:
(9 Orientação Interior – 5 Fonte)

Este caminho mostra que você está sendo orientado para a transformação pelas fontes espirituais primevas do universo. Tome consciência da sua própria energia espiritual e das práticas de meditação. Você pode vivenciar a iluminação como uma indicação de que a sua própria alma está clareando e se expandindo. Talvez você se interesse por tradições, mitos e símbolos antigos como um reflexo da experiência pela qual está passando.

24 Iniciação numa Nova Ordem:
(11 Ordem – 6 Ovo Cósmico)

Você tem o poder de se mover com as fontes espirituais do universo e perceber o grande potencial em todas as coisas que vê e toca. Você está passando por uma iniciação empírica que consiste em ter coragem de seguir adiante com as práticas espirituais com as quais está envolvido. Observe as ordens harmônicas de cor, som, movimento, forma e número de maneira que você possa ser um pioneiro em um ou mais desses campos.

25 Tradições Nativas Sagradas:
(33 Vórtice – 17 Intenção)

Você está começando a delinear a sua intenção espiritual e, à medida que passa a ver com mais clareza, descobrirá as infinitas possibilidades da sua vida para restabelecer o equilíbrio na natureza. Você está descobrindo por experiência direta que os níveis sutis da vida são as fontes da natureza, e as tradições dos povos tribais e antigos estavam em contato com essas mesmas fontes. Você pode comungar com as árvores, com as estrelas e com a terra e perguntar aos espíritos da natureza o que os fortalece e alimenta. E, quando você precisar mudar o terreno ou extrair os frutos da terra para se alimentar ou construir um abrigo, consulte os espíritos da natureza – pois eles conhecem as suas verdadeiras intenções.

26 Expressão do Plano Divino:
(35 Tempo – 18 Inspiração)

Você é capaz de vivenciar de modo direto a inspiração sobre o plano divino. Pode colocar em prática essa inspiração em manifestações maiores se usar luzes, sons e ondas de todos os tipos para estimular o crescimento. Espetáculos de luzes, música, cor e dança são todos eles meios possíveis de expressar o que você vê do plano divino. Saber quando fazer cada coisa é importante. Esteja atento a certas estações e horários do dia e da noite. Observe mudanças significativas nos ciclos vitais das outras pessoas. Você pode criar eventos agora.

27 Amor Cósmico:
(41 Energia – 21 Amor)

À medida que a sua capacidade de amar aumenta, você tem mais possibilidade de ter visões diretas da realidade imaginária e de perceber a ligação entre os domínios da imaginação e da astrofísica. É importante agora mapear o espaço sideral dos vastos sistemas galácticos e estelares e também os reinos microscópicos da energia atômica. Você talvez descubra que esses reinos siderais são também interiores e que o ser humano é um microcosmo da natureza assim como o macrocosmo. O amor é o principal agente transformador da sua vida agora, pois sem ele você não teria energia para vivenciar as experiências que vivencia. Veja esse amor, essa energia e as estrelas como uma coisa só e as suas dádivas para o mundo serão muito maiores.

28 Transformação Durante a Encarnação:
(43 Inércia – 22 Desejo)

Este caminho mostra que você está ancorado e protegido, pois consegue passar por experiências que lhe mostram de maneira direta como o desejo cria o seu próprio objeto. Isso significa que a sua proteção está no fato de você perceber que a encarnação num corpo físico é um estado temporário. Num certo sentido, você pode estar morrendo, pois, ao se desapegar da matéria e do corpo, você percebe a limitação da existência. Por outro lado, você pode atrair qualquer matéria – até mesmo outro corpo em outra encarnação – por meio da projeção dos seus desejos. Agradeça aos seus pais e ancestrais e siga em frente. Tudo está num estado extremo de mudança e transformação, de modo que você pode aprender a polaridade do nascimento e da morte do desejo.

29 Geometria Sagrada da Terra:
(44 Direção – 24 Sombras)

Agora é uma boa hora para se interessar pelo sistema solar e pelo planeta como um todo. Você pode descobrir e praticar formas de geometria e divinação da terra para ajudar a curar este planeta, devastado pelo ser humano. Você pode ajudar a esclarecer a confusão resultante da cegueira e das sombras do ser humano usando a sua energia vital e imaginação na geometria sagrada relacionada à terra. Lugares de poder, linhas ley, planejamento urbano, paisagismo e projetos de parques e escolas – tudo isso agora faz parte do seu aprendizado e crescimento.

30 Administração dos Recursos:
(47 Crescimento – 30 Razão)

Você pode agora ter uma experiência direta do paisagismo, da agricultura de subsistência e da criação de animais, ou trabalhar com os elementos de alguma maneira. Este caminho o torna apto para lidar com qualquer conflito resultante do envolvimento com o mundo das leis, da agricultura, da economia e da arte das ciências sociais. Lembre-se das lições que aprendeu no passado e use a mente racional para avaliar experimentos e experiências, e para descobrir novos procedimentos que permitam uma administração mais eficaz dos recursos.

31 Transmissão entre Gerações:
(48 Consciência – 32 Pensamento)

À medida que for tomando mais consciência dos rumos e do propósito da sua vida, você terá mais condições de mudar hábitos ancestrais, procurando descobrir o que é certo em cada situação e deixando para trás hábitos obsoletos. Use a sua mente em toda sua capacidade para encontrar maneiras de corrigir erros que cometeu socialmente no passado e para criar novas tradições que transmitam valores éticos às futuras gerações. Este caminho orienta você a transmitir pensamentos claros para as crianças.

32 Revolução da Mídia:
(59 Revolução – 54 Percepção)

Você tem condições agora de ficar mais consciente da influência da sociedade sobre o indivíduo e vice-versa. Pode aprender sobre diferentes culturas e ver como a vontade e a percepção de certos indivíduos poderosos mudaram o curso da história. No entanto, a inércia das tradições é grande. Testemunhe a uniformidade resultante da produção de massa e veja como as tecnologias podem ser usadas pelas pessoas, para que não aconteça o contrário: as pessoas serem usadas pelas tecnologias. Você pode agora se dar conta de como a expressão individual é limitada e condicionada pelo modo como os outros pensam, pelos hábitos, pela propaganda, pela política e pela mídia de massa. Isso pode levá-lo a ver como provocar uma revolução na sociedade, usando os seus próprios métodos, e levá-la a avançar na direção da completude.

33 Espelhando o Eu e a Sociedade:
(60 Regeneração – 56 Integração)

Este caminho revela o seu poder de começar a regenerar a sociedade integrando corpo, psique e espírito. Quando vivencia diretamente muitas culturas, raças, credos, nações e métodos de governo, você consegue ver que os diferentes estilos de vida assemelham-se a diferentes funções da sua própria vida. Essas revelações podem lhe causar um êxtase que é a recompensa e um sinal claro de que a sociedade está se regenerando e o seu eu, integrando-se.

34 Arte:
(63 Serviço – 62 Criatividade)

Você tem agora a capacidade de servir outras formas de vida de acordo com as necessidades que elas têm. A arte de ver o que é necessário e descobrir maneiras de atender a essas necessidades transforma a adversidade numa vantagem. A sua criatividade é imprescindível neste momento, pois este caminho revela que você pode aplicar a arte em qualquer situação – seja na pintura, na música ou num empreendimento comercial criativo.

Caminhos da Governança da Antiga Terra
(Vertical)

35 Hierarquia Radiante:
(1 Eternidade – 43 Inércia)

Este caminho leva você a curar a uma distância radiônica, enquanto entra em contato com vibrações sutis. Você pode trabalhar com algum aspecto do espectro eletromagnético e usá-lo como uma orientação de como as forças sutis influenciam os níveis mais densos e grosseiros da existência. Use a música, a arquitetura, a astronomia e a matemática e veja como essas forças harmônicas de ordenação dão forma à cultura. Observe como os ciclos de várias espécies governam o fluxo energético em sua conversão em matéria e em seu retorno à forma energética. Os ciclos vitais, os ciclos sazonais, os ritmos cardíacos e os ritmos das vibrações das cordas ou dos geradores de ondas são todos dirigentes da hierarquia radiante da natureza. Você pode governar mantendo a harmonia com os ciclos.

36 Governança Natural:
(2 Olho Divino – 44 Direção)

A sua perspectiva e percepção espirituais são extraordinárias. Agora você pode ver o âmago da tradição sagrada que reside no núcleo de cada átomo e de cada estrela. Tenha a coragem de colocar em prática o que vê e de transmutar a sua visão espiritual em matéria do dia-a-dia, através de campos estelares ressonantes. Você pode estudar física ou astronomia, investigando o cerne da matéria e observando como a direção da rotação ou da órbita influencia o destino de uma entidade. Você pode governar dando forma a uma visão espiritual e direcionando a sua vida de acordo com hierarquias da natureza.

37 Ecologia Invisível:
(5 Fonte – 47 Crescimento)

Quando você busca a fonte das coisas, tem chance de descobrir os padrões seminais da governança da vida em domínios invisíveis. Mantenha o equilíbrio e a sintonia com fontes espirituais e você será capaz de descobrir esferas de desenhos-chave que podem ser aplicados na arquitetura ou na compreensão da morfologia de plantas e animais. A preocupação ecológica com o planeta como um todo pode incluir o estudo dos solos, da agricultura, dos padrões meteorológicos e dos efeitos das migrações e da ocupação urbanística sobre a natureza. Você pode governar por meio deste caminho tomando consciência dos intercâmbios recíprocos da vida, da cadeia alimentar e da transferência energética e praticando o que você aprende com o seu envolvimento em questões ecológicas relativas a todo o planeta.

37 Economia Dimensional:
(6 Ovo Cósmico – 48 Consciência)

Este caminho pode guiá-lo na aplicação das leis espirituais aos métodos econômicos de produção ou consumo de produtos que possam mudar a consciência das pessoas. Saiba que todas as partes do cosmos estão interligadas e, portanto, tudo o que você irradia para o mundo acaba, de alguma maneira, voltando para você. A matemática, especialmente a geometria, pode ajudá-lo a projetar e dispor as formas dos produtos que você produz ou divulga. Você pode trabalhar em muitas dimensões diferentes. A economia dimensional usa uma quantidade mínima de elementos para obter a qualidade ótima de um produto e descobrir produtos que estejam em harmonia com leis espirituais de praticidade infinita.

38 Ética Espiritual:
(17 Intenção – 59 Revolução)

Este caminho pode ajudá-lo a governar a si mesmo e às outras pessoas sem perder o contato com a sua intenção espiritual e com a intuição, enquanto executa o seu trabalho no mundo. Isso pode envolver muitos obstáculos e muitas dificuldades com relação às gerações anteriores à sua, aos ancestrais e às maneiras antigas de se fazer as coisas. No entanto, se você defender com firmeza a sua verdade, modos de vida ultrapassados acabarão passando por uma revolução. Você pode usar imagens para revelar a diferença entre estilos de vida éticos e não-éticos. A justiça é o que norteia este caminho e você pode encontrar modelos de como a justiça é exercida no corpo humano observando a necessidade que cada sistema corporal interligado tem de limites e fronteiras.

39 Tecnologia e Magia:
(18 Inspiração – 60 Regeneração)

Este caminho lhe mostra que uma poderosa força vital lhe confere visão e inspiração claras, e que você pode dirigir a sua família, a sua comunidade, o seu trabalho de pesquisa ou o seu negócio ficando em contato com a sua própria consciência. O desafio deste caminho é a possibilidade de conflito que existe quando o eu passa pela experiência direta tanto da verdadeira inspiração quanto da repetitiva rotina mundana. Você pode usar a mídia de massa, a propaganda e equipamentos técnicos para receber ou para enviar informação. Você pode se interessar por genética, engenharia, ciências sociais ou leis. Você pode influenciar outras pessoas para que expressem seu interesse por valores que colaborem com a regeneração da sociedade. Ao usar os veículos de propaganda, não apele para o que vicia as pessoas, mas para o que estimula a sua emancipação e fortalecimento.

40 Artes e Cura:
(21 Amor – 63 Serviço)

Você pode governar melhor agora amando mais profundamente, pois o amor não é cego, mas enxerga muito bem e tem o poder de curar antigas feridas. Este caminho o leva a tomar consciência das suas próprias projeções e, por isso, dá a você capacidade de dirigir a imaginação por meio da vontade clara e não com base no seu poder de reação. O êxtase que sente quando você deixa o amor ser o regente da arte de viver é uma recompensa por si só. Você pode usar qualquer uma dessas artes como um serviço à humanidade para despertar a lembrança profunda do propósito humano e para exercitar a imaginação.

41 Psicologia Criativa Profunda:
(22 Desejo – 64 Liberdade)

Este caminho pode levá-lo a encarar as suas próprias sombras e deficiências, e usar a sua lucidez para tomar consciência das coisas que talvez tenha negado. Este caminho lhe dá a capacidade de orientar outras pessoas a fazerem o mesmo. Quando conseguir integrar mente, alma e corpo, você conseguirá abrir grandes veredas de criatividade. Pode aconselhar outras pessoas sobre assuntos relacionados à psique ou receber conselhos sobre essa mesma matéria. Quando você passar a governar a sua própria vida, terá liberdade de verdade, liberdade que só tem quem assume a responsabilidade pela própria vida.

NOVA TERRA

Caminhos da Governança da Nova Terra
(Eixo Vertical)

42 Educação Equilibrada:
(65 Doação - 107 Responsabilidade)

Este caminho pode torná-lo apto a assumir a responsabilidade por construir novos centros de percepção clara em comunidades, ou novos modelos de educação que darão às pessoas uma visão mais nítida das prioridades da vida delas. O equilíbrio entre a sua porção feminina e masculina é uma parte importante desse caminho, pois a sua dominação ou sua reatividade masculina ou feminina serão colocadas à prova. Reconheça os erros do passado e trabalhe com outras pessoas na tarefa de delinear novos processos educacionais.

43 Cura Psicológica:
(66 Devoção – 108 Ressurreição)

A pureza da sua devoção à visão que tem da Nova Terra pode ser avaliada pela capacidade que demonstra de perdoar a si mesmo e os outros pelos erros do passado e de acolher o novo com amorosa receptividade. Deixe o passado para trás e descubra a poesia que existe no seu coração, que lhe dá a possibilidade de criar novas possibilidades culturais. O casamento dos opostos dentro de você o fortalecerá, permitindo-lhe passar por uma profunda cura psicológica.

44 Incorporação Tecnológica:
(69 Individualidade – 111 Sublimação)

Quanto mais verdadeiro você é, mais individualidade revela e mais sincero pode ser com os outros. Esse autofortalecimento pode ser estendido às outras pessoas por meio de tecnologias auto-sustentáveis e livres de detritos tóxicos. Você também pode difundir essas tecnologias ou projetos e dar condições para que possam ser colocadas em prática. Por meio desses expedientes da Nova Terra, você poderá evitar uma grande carga de sofrimento para a humanidade como um todo e fazer a alegria de muitos.

45 Comunidade Global:
(70 Cooperação – 112 Consumação)

Por meio da cooperação com povos de várias raças, culturas, governos e credos, você conseguirá encontrar a chave para uma sociedade global que atingiu a auto-realização. Esse caminho lhe abre para uma vasta rede de pessoas, que fazem todas elas parte de um grande organismo vivo. Quando se abre para a verdade, você descobre métodos de diplomacia e meios de comunicar a sinceridade da sua própria prática espiritual de integridade. A integridade absoluta é necessária para levar as nações a uma consumação. A plenitude nascerá da combustão das interferências.

46 Serviço Espiritual:
(81 Iluminação – 123 Unidade)

Este caminho lhe permite ver que a luz é inerente a toda a vida, além de estimulá-lo a buscar a sua própria iluminação. Essa visão iluminada da vida ativa uma profunda iluminação no seu corpo, que também pode propiciar a cura da natureza. Quando se render ao processo de intensificação da energia você será capaz de criar rituais e serviços que retribuam as dádivas de luz e vida concedidas pela unidade. Esses serviços espirituais terão grande repercussão na vida de outras pessoas.

47 Sabedoria Prática:
(82 Renascimento – 124 Existir)

Este caminho conduz você à morte e ao renascimento que lhe permitem abrir novas veredas usando a luz e a cor de maneiras práticas. A sua própria radiância será uma indicação do seu despertar para a vida metamórfica fluida da natureza. Quando começar a ver o puro ser em todos os seres scientes, você terá flexibilidade para despertar e apreciar a natureza inerente de cada ser único. O lado prático da sua sabedoria inerente dependerá de quanto você aceita todas as coisas simplesmente pelo que são. Só assim elas podem ser transformadas.

48 Arte Sagrada:
(85 Recordação – 127 Em Todo Lugar)

Quando agrega a sua essência, você se lembra de quem realmente é e pode ver a aurora da Nova Terra em todo lugar. Concentre todas as suas habilidades, a sua atenção e a sua energia na tarefa de dar forma à sua visão da Nova Terra. Depois ouça a música inerente a todas as coisas. Os novos estilos de arte e de música nascerão da sua grande confiança na harmonia do universo em todos os níveis, ao passo que a tradição sagrada será reativada por meio da arte sagrada.

49 Paz na Prática:
(86 Destemor – 128 Compaixão)

Este caminho revela que a essência do seu corpo de luz é a fonte da transformação de todo karma passado na constância destemida do espírito. Quando você pratica a equanimidade, acaba por sentir a harmonia que existe na natureza e obtém uma base harmoniosa para desenvolver relacionamentos pautados na ressonância profunda. Você pode ouvir música como parte desse processo. A corrente sonora cósmica se manifesta por meio das harmonias que podem intensificar a experiência humana da compaixão. Quando transmuta qualquer veneno deste mundo em remédio, você tem luminosidade para a prática da paz em todos os seus relacionamentos.

Caminhos da Experiência da Nova Terra
(Eixo da Existência)

50 Construção Prazerosa:
(66 Devoção – 67 Construção)

Este caminho mostra que você pode se oferecer como voluntário para construir novos modelos de cultura por meio da devoção que existe no seu coração. Mantenha a chama da devoção ardendo e o seu trabalho será prazeroso mesmo em meio à adversidade. Você está fazendo progressos rumo à manifestação concreta de modelos para a Terra celestial. A recompensa pelo seu trabalho é a satisfação que ele proporciona.

51 Equilíbrio Sexual:
(69 Individualidade – 73 Androginia)

O poder da sua individualidade é fortalecido pela fusão andrógina do masculino e feminino dentro da sua alma. Torne impecáveis os seus motivos quando trabalhar com outras pessoas na visualização e na concretização da Nova Terra em seus relacionamentos. A pureza das suas intenções fortalecerá o equilíbrio entre os seus lados masculino e feminino – assim como as qualidades masculina e feminina dos seus relacionamentos.

52 Fortalecimento Humano:
(70 Cooperação – 75 Clareza)

Você tem uma visão clara dos relacionamentos humanos que transcendem fronteiras materiais, culturais e raciais. Você pode fortalecer outras pessoas agora porque está ancorado no seu próprio poder. Use novas tecnologias para difundir relações interculturais num espírito de cooperação. A ênfase nas qualidades complementares de pessoas diferentes pode ser expressa por meio de encenações dramáticas ou expressões artísticas.

53 Auto-realização Social
(81 Iluminação – 97 Lampejo Intuitivo)

Você é capaz de perceber agora que, à medida que a natureza se regenera por meio da consciência, haverá mais vislumbres intuitivos acerca do propósito da vida. Esses vislumbres decorrem da união entre corações e mentes, que resulta da confissão de qualquer ilusão ou falsidade do passado. Perceba que a alma da cultura é íntegra e luminosa. Uma sociedade auto-realizada substituirá a atual, por meio do casamento dos opostos na alma das pessoas de culturas diversas. O seu vislumbre intuitivo sobre a consciência iluminada das massas será muito benéfico.

54 Novas Perspectivas:
(82 Renascimento – 99 Brilhantismo)

Você está agora sendo levado a cruzar passagens estreitas. Se caminhar com total integridade, renascerá para a luz do Sol superior e conseguirá deslumbrar novas perspectivas. Depois você poderá descobrir o quanto o sistema circulatório do universo natural é iluminado e criar métodos de ecologia solar. O brilhantismo da sua própria mente está ligado ao seu coração e ao coração do Sol. Quando percebe isso, a sua própria vida torna-se poesia em movimento.

55 Sintonização com a Verdade:
(85 Recordação – 105 Reconhecimento)

Quando você se lembrar do período anterior ao seu nascimento, a sua energia passará por uma transformação radical. A energia intensificada possibilitará uma grande receptividade a uma verdade maior. À medida que o seu corpo de luz se desenvolver, você conseguirá elevar o nível vibracional das plantas e dos animais à sua volta com pura radiância. Demonstre o seu sincero reconhecimento a tudo que negou no passado, e a sua alma, o seu corpo e a sua mente entrarão em sintonia com a verdade naturalmente e sem exigir esforço.

56 Incorporação Responsiva:
(86 Destemor – 107 Responsabilidade)
Depois que reunir as qualidades do seu eu verdadeiro, você poderá enfrentar sem medo qualquer coisa que lhe cause inquietação. Quando encontrar obstáculos, renda-se à energia de vibração mais elevada e não imponha resistência. Você pode vivenciar a vastidão de tudo o que é senciente com a energia fluida do seu próprio corpo. Depois você verá como corrigir os desequilíbrios ecológicos. Perceba que a natureza e o seu corpo são uma coisa só. Quando perdoar as feridas do passado, você será recompensado com uma capacidade maior de atender às verdadeiras necessidades da natureza e de outras pessoas. Com o tempo, acabará por incorporar essa transformação na ecologia, numa instituição ou escola da Nova Terra.

57 Clínica Kundalini:
(88 Essência – 108 Ressurreição)
A essência da sua vida é uma substância extremamente concentrada, pronta para entrar em combustão quando você despertar plenamente. Este caminho leva você a descobrir que a raiz do sofrimento está na resistência para perceber que é o amor que tem o poder de ressuscitar todas as almas. Todos os corpos fazem parte de um corpo cósmico universal. Você está despertando para essa verdade graças à elevação do seu próprio nível de energia, que lhe permite perceber as causas das coisas e ajudar a curar tanto a humanidade quanto a natureza. Reúna recursos para fundar uma escola ou clínica kundalini, onde essa constatação possa ajudar também outras pessoas.

58 Ritual Consciente:
(94 Constância – 111 Sublimação)
Este caminho leva você a praticar uma profunda auto-aceitação e constância em sua vida. Quando ouvir as outras pessoas e a música inerente à natureza, perceba os níveis sutis da realidade que vão

além das aparências e a sensação produzida pelas coisas. Você agora pode ver o sublime na natureza e perceber os ritmos repetidos dentro do seu corpo, das suas rotinas e das estações. Retribua à natureza percebendo esses ritmos conscientemente.

59 Confiança na Natureza e no Espírito:
(96 Corrente Sonora – 112 Consumação)

Você está no próprio ápice da natureza da Nova Terra, que está arraigada ao conhecimento de que todos os efeitos reverberam em todos os reinos e níveis da realidade. Quando ouvir a corrente sonora cósmica como um som de alta freqüência que transcende todos os sons externos, você será levado a consumar a sua vida. Confie na harmonia inerente da ordem espiritual e você será capaz de vivenciar o efeito máximo da natureza no seu próprio espírito como uma realização da sua intenção.

60. Manifestação da Tradição Sagrada:
(118 Harmonia – 123 Unidade)

Este caminho revela a sua manifestação da Nova Terra, que ocorre quando você torna tangíveis as harmonias inerentes à tradição sagrada. Você pode realizar o imenso potencial da experiência da unidade de todas as coisas e assim se tornar extremamente flexível na maneira de interagir com os outros e realizar o seu estudo criativo dos sons. Você pode criar música ou formas de arte em qualquer modalidade para ajudar a manifestar a cultura espiritual da Nova Terra. A tradição sagrada é a sabedoria perene inerente no âmago de todas as coisas. É a parte central da harmonia que nos torna aptos para vivenciar a unidade.

61. Presença de Paz Espiritual:
(120 Paz – 124 Existir)

Você está sendo conduzido agora para uma experiência transcendental de puro ser, na qual sentirá uma grande paz. Estenda essa paz aos outros por meio da sua aura espiritual. Você pode literalmente irradiar as qualidades espirituais sutis da paz e ajudar a tornar conscientes as formas energéticas sutis que dão sustentação a todas as coisas. Você pode ver o alvorecer da Nova Terra e contribuir com ela por meio do dinamismo da sua presença espiritual.

62 Iluminação:
(126 Luminosidade – 127 Em Todo Lugar)

Este caminho revela que você está vivendo numa luminosidade imanente que lhe possibilita uma visão espiritual verdadeira. Essa experiência se tornará decisiva para a sua vida inteira e lhe dará a capacidade de acessar a iluminação espiritual, muito além das considerações dimensionais. No entanto, ela ampliará as suas influências por todas as dimensões. À medida que viver cada vez mais na iluminação, você será um com os seres iluminados de todos os lugares.

Caminhos das Práticas Espirituais da Nova Terra
(Eixo da Essência)

Soltando e Relembrando:
(85 Recordação – 88 Essência)

A essência de toda a sua vida está emergindo à medida que você morre para todos os hábitos e estilos de vida que interferem com a aceleração do seu corpo de luz. Você pode se lembrar de encarnações passadas como um processo de libertação de qualquer apego à sua posição, identidade ou auto-imagem. Portanto, deixe tudo isso para trás e permita mudanças celulares que o levem a uma vida de freqüência mais elevada, mesmo que isso signifique transcender a matéria.

64 Nutrição Terapêutica:
(82 Renascimento – 94 Constância)

O renascimento da sua luz interior implica necessariamente uma ruptura e o cultivo de qualidades essenciais que podem curar tanto você quanto os seres sencientes ao seu redor. Desenvolva constância em suas rotinas diárias e nas práticas espirituais. Estenda a constância desse cuidado à tarefa de nutrir as plantas e animais, assim como as pessoas à sua volta. Busque o equilíbrio na alimentação, nos exercícios físicos, nos passeios ao ar livre e nas vibrações de luz. Todas as formas de nutrição – da mais inferior à mais elevada – são necessárias agora.

65 Cura pela Luz e pelo Som:
(81 Iluminação – 96 Corrente Sonora)

Este caminho mostra que você desenvolveu uma radiância que está em comunhão com a Nova Terra e essa radiância pode ser fonte de iluminação para outras pessoas. Você pode concentrar a sua vida num único ponto e realizar um grande avanço na sua cura e completude. Além disso, pode usar essa concentração para desenvolver a ecologia solar e métodos de cura por meio de sons de alta freqüência.

66 Perspectivas Harmônicas:
(70 Cooperação – 118 Harmonia)

Quando trabalha com outras pessoas num espírito de cooperação, você pode ter uma nova perspectiva de como a luz e o som podem ser usados como agentes de cura e fonte de energia em grandes centros urbanos. Ouça a harmonia do universo de qualquer maneira que ela vier até você – por meio da música, da estrutura das plantas, da química, dos padrões visuais ou da propriedade formal. Depois você pode projetar novas formas de interação social usando como base a tradução do estudo do som.

67 Dinâmicas Sinárquicas:
(69 Individualidade – 120 Paz)

Este caminho mostra que você está tão ancorado na sua própria individualidade que é capaz de despertar para intensos níveis de energia. Essa intensa energia sutil pode transformar tanto você quanto a sociedade à sua volta. Compartilhe com outros membros da sua comunidade as mudanças pelas quais você passou e trabalhe em prol de um mundo de paz. A confiança no despertar de cada indivíduo ajuda as pessoas a despertarem também. Novas formas de interação social e métodos para o uso criativo e dinâmico das tensões sociais lhe ocorrerão naturalmente. O governo sinárquico da Nova Terra pode começar, então, a dar forma à paz mundial.

68 Ética da Auto-aceitação:
(66 Devoção – 126 Luminosidade)

Quando dedicar o seu tempo à busca de novos métodos de tecnologia para propagar a luz da felicidade espiritual para outras pessoas, você possibilitará uma profunda auto-aceitação. Crie uma base ética para a nova tecnologia e renda-se à Luz-Amor. Você pode dar forma a um novo meio de comunicação, de transporte e de entretenimento usando com sabedoria os valores éticos, o dinheiro e os meios de transação entre pessoas de diferentes camadas sociais. Reflita sobre quais programas valeria a pena exportar para outras nações. Que tipo de peças de teatro, música e arte você concordaria em patrocinar?

69 Abundância Recíproca:
(65 Doação – 128 Compaixão)

Quando purificar a sua vida por meio de confissões sinceras, em que busque apenas a verdade, você aumentará a sua abundância em todos os níveis. Este caminho leva você a fazer oferendas apropriadas a todos os tipos de pessoa que encontrar, e planejar importações e exportações benéficas entre pessoas e nações. A sua sabedoria com relação à administração pode ser avaliada com base na verdade da sua compaixão pela humanidade como um todo. Não alardeie os seus motivos espirituais, mas faça deles a sua prioridade nas transações globais e você verá o alvorecer da Nova Terra.

70 Distribuição Construtiva:
(67 Construção – 127 Em Todo Lugar)

Este é um poderoso caminho de construção da Nova Terra, que serve de passagem para a verdadeira reciprocidade entre reinos divergentes e diferentes culturas. Pratique a flexibilidade enquanto persiste num plano cujo objetivo seja a transmissão irrestrita de informação e produtos ao redor do mundo. Examine novos métodos de construção, por meio dos quais o sistema de rede central se espalhe por todos os lugares, incluindo os níveis sutil e material da existência. O poder da distribuição é fruto de planos flexíveis e uma visão ampla.

71 Espiritualidade Erótica:
(73 Androginia – 124 Existir)

Quando você perceber o quanto é profunda a fusão de todos os opostos dentro de você, haverá uma repercussão do espiritual nos níveis cultural e sexual da Nova Terra. Você pode contribuir com a conciliação de muitos pontos de vista opostos. Pode fazer terapia de casais que queiram encontrar novas práticas sociais de satisfação sexual. Seja sincero no que faz e você ajudará no casamento das polaridades masculina e feminina dentro de muitos indivíduos, casais e sociedades.

72 Diversidade na Unidade Incorporada:
(75 Clareza – 123 Unidade)

Este caminho revela que você agora tem uma visão mais clara do seu próprio todo. Por isso pode escrever e declamar poesias que agrupem pessoas em torno de práticas espirituais comuns. Você pode criar uma empresa ou instituição que estruture e difunda as práticas que desenvolver. Expressões literárias com enorme potencial para possibilitar a diversidade na unidade ajudarão a consolidar o seu propósito agora.

73 Vivendo a sua Alegria:
(97 Lampejo Intuitivo – 112 Consumação)

Quando é receptivo, você tem inspirações relacionadas ao significado da sua vida. Qualquer sofrimento pelo qual tenha passado é uma indicação positiva, um *feedback* natural do programa de vida que lhe dá vislumbres intuitivos sobre as limitações inerentes das questões centradas no ego. Quando aceita uma dor que por acaso tenha, você transmuta o sofrimento em consumação de vida. Reduz a cinzas todo material e interferência que o impede de perceber o significado da sua vida. Isso é *viver* a sua alegria.

74 Sublime Discriminação:
(99 Brilhantismo – 111 Sublimação)

Você só vai conhecer o brilhantismo da sua mente por meio da unidade mente-corpo. Perdoe a si mesmo e aos outros por qualquer erro do passado. Privilegie os seus métodos mais eficazes de relacionamento e descarte os demais. Discriminação não é acusação, mas a liberação de toda acusação e um processo de refinamento que leva o seu brilhantismo ao ato sublime de clarificar e priorizar. Você só pode conhecer os verdadeiros valores por meio de uma perspectiva sublime.

75 Reconhecimento Amoroso:
(105 Reconhecimento – 108 Ressurreição)

Trilhar esse caminho é uma garantia de que a sua alma será completamente purificada, se você reconhecer as sombras e pontos cegos. Você sentirá então um grande amor por todos os seres. Isso nada mais é que a superação de antigas dúvidas e negações, e a completa ressurreição anímica por meio do poder do amor.

Caminhos do Processo Criativo da Nova Terra
(Eixo Horizontal)

76 Ecologia Social:
(65 Doação – 86 Destemor)

Quando você constata a sua unidade com a Terra e com os outros seres humanos, a sua luz interior possibilita o renascimento da benevolência. Com este caminho, você pode abrir portas para a Nova Terra sem medo. Lembre-se dos votos que fez antes de nascer e trabalhe com devoção para criar uma sociedade cooperativa. A sua individualidade será revelada à medida que você se dedicar ao bem comum.

77 Construção e Comunicação:
(67 Construção – 88 Essência)

Você pode agora construir novas organizações ou novas formas de arquitetura ou projetos que satisfaçam às necessidades de todos. A mídia de massa – televisão, revistas, jogos de computadores, rádio – pode ser usada para transmitir a utilidade e o valor dos modelos que você está construindo. Novas tecnologias – especialmente no uso da luz solar como fonte de energia – podem ser exploradas. Este caminho lhe permite ver a essência de tudo e o torna apto a reunir as estruturas e recursos corporativos necessários para executar novos projetos na sociedade.

78 Constância em Meio à Mudança:
(73 Androginia – 94 Constância)

Agora você tem chance de se fortalecer por meio do equilíbrio e da fusão profunda das suas energias masculina e feminina. Admita com sinceridade qualquer desequilíbrio entre essas duas energias, que se manifeste em forma de dominação ou reatividade. Depois disso a energia acelerada que você sente fluirá através de você e abrirá os seus chakras, sem que você precise fazer nenhum esforço. Espere mudanças tanto exteriores quanto interiores e pratique a constância desde os níveis mais profundos do seu ser. Você então pode concentrar a sua vida no objetivo de buscar a cura da sociedade e da natureza.

79 Lucidez Ética e Cura Ressonante:
(75 Clareza – 96 Corrente Sonora)

Este caminho mostra que você tem sido extremamente verdadeiro consigo mesmo e superado o conflito. Por isso você tem clareza suficiente para promover os seus valores – padrões e leis éticas que possam ajudar as outras pessoas a descobrir sua própria verdade. Depois disso, você talvez desperte para o fato de que a sua presença já é suficiente para curar a natureza, por meio de vastos campos energéticos sintonizados com as próprias raízes da natureza. Ouça as canções das plantas, dos animais e dos minerais e você ouvirá a música inerente à matéria, assim como as fontes harmônicas da natureza que estão além dos sentidos.

80 Confiança na sua Poesia:
(97 Lampejo Intuitivo – 118 Harmonia)

Quando tiver uma visão maior do significado da sua vida como um todo, você será capaz de expressar a poesia que existe no seu coração e fazê-la tocar a vida das outras pessoas. O entusiasmo lhe permitirá vivenciar o seu corpo como uma vasta presença ou energia sutil que inclui todos os seres sencientes. Ofereça recursos, o seu tempo e as suas habilidades para grupos e indivíduos que mereçam a sua ajuda, pois esse é um ato de verdadeira auto-aceitação. Confie na harmonia do universo que existe no seu coração e você encontrará o equilíbrio entre dar e receber.

81 Organização Global em Rede:
(99 Brilhantismo – 120 Paz)

Você pode integrar muitas culturas, estilos de vida, raças e credos diferentes num único todo. Quando se torna mais receptivo às outras pessoas, você consegue expressar a sua sabedoria de maneiras brilhantes para fazer manifestar a paz. Você pode então ajudar a realizar novos projetos urbanos na Nova Terra. Tendências divergentes podem se unir em redes de organizações globais que conciliem diferenças como os diferentes órgãos de um mesmo organismo.

82 Transmutação:
(105 Reconhecimento – 126 Luminosidade)

Qualquer dor que você sinta agora é simplesmente parte do fato de você ser humano. Esse sofrimento pode ser transmutado se você reconhecer as suas próprias sombras e pontos cegos e perdoar a si mesmo e aos outros por todas as feridas do passado. Quando esse tipo de transmutação se tornar uma prática constante, a sua vida terá repercussões nos níveis espirituais da realidade, que se mostrarão na luminosidade da sua aura. Pela prática constante da transmutação, você se tornará muito mais flexível nas situações cambiantes da vida e mais capaz de abandonar hábitos rígidos e ajudar a espiritualizar todo o planeta.

83 Realização Espiritual:
(107 Responsabilidade – 128 Compaixão)

Este caminho abre você para a realização espiritual plena por meio da sua capacidade de responder às necessidades reais das outras pessoas. Você pode assumir mais responsabilidades à medida que transformar os seus desejos em amor. Quando separar os elementos mais refinados da sua vida dos mais grosseiros, o seu amor levará sublimidade aos outros e você será capaz de consumar a sua vida num estado de grande compaixão. Essa resposta compassiva será resultado da unidade do puro ser, que brilha em todo lugar e em todos os seres da mesma maneira.

Planos Terapêuticos

Não existem Planos Terapêuticos apenas na Antiga Terra e na Nova Terra, mas também *entre* elas. Ao longo de um período de tempo, ou mesmo numa única leitura, você pode selecionar a mesma Carta Vibracional de Cura, mas com a orientação oposta (Antiga Terra se torna Nova Terra ou vice-versa). Isso é um Plano. Qualquer combinação de cartas da Nova Terra e da Antiga Terra, alinhadas na horizontal, na vertical ou na diagonal, é também um plano. Isto é, se você sortear tanto cartas da Antiga Terra quanto da Nova Terra, inverta as cartas da Nova Terra ou da Antiga Terra, de modo que todas fiquem iguais, e você encontrará um caminho que transformará a *combinação original* num plano.

Imagine os Planos Terapêuticos como portas interdimensionais entre os mundos, as quais você cruzará quando se tornar ou mais global e holístico (Nova Terra) ou mais disposto a mudar a ordem vigente na Antiga Terra – às vezes por necessidade e às vezes por compaixão.

Planos Entre a Antiga Terra e a Nova Terra
(Eixo da Existência)

84 Luminosidade Radiante:
(de 2 Olho Divino para 126 Luminosidade ou
de 3 Fogo Espiritual para 127 Em Todo Lugar)

Você e o ato primordial da criação são uma coisa só. Quando o fogo espiritual queimar dentro de você, a luminosidade se espalhará e você poderá ver com o olho divino, que está em todo lugar. Fique na luz e seja luz. Assim você será capaz de ver.

85 Presença Orientadora:
(de 9 Orientação Interior para 124 Existir ou
de 5 Fonte para 120 Paz)

Quando acessa a fonte espiritual primeira, você pode ficar em contato com o puro ser. Siga a sua orientação interior mais profunda e a aura de Deus permeará a sua aura. Esse será o alvorecer da verdadeira paz dentro do seu ser. Seja. Seja orientado e sinta paz.

86 Atos da Ordem Sagrada:
(de 6 Ovo Cósmico para 118 Harmonia ou
de 11 Ordem para 123 Unidade)

Você agora tem a coragem necessária para realizar todo o seu potencial de maneira harmoniosa e vibracional. Deixe a vibração e a potência dentro de você implodirem na direção do centro da ordem. Permaneça flexível quando começar a cantar, dançar, usar cores e ouvir a sinfonia da vida. Esses acordes vibracionais estão sempre presentes e são acessíveis em qualquer lugar, a todo instante. Perceba a harmonia inerente ao universo.

87 Confiança Sagrada:
(de 33 Vórtice para 112 Consumação ou
de 17 Intenção para 96 Corrente Sonora)

Manter o equilíbrio e se lembrar da sua verdadeira intenção e dos seus votos de vida abrirão você para receber a sabedoria perene. Essa sabedoria é a fonte de toda cultura mundial duradoura. Quando confia em si mesmo e nas raízes da cultura, você é capaz de entrar em contato com a fonte da natureza e ouvir a corrente de som cósmico. Isso significa que o infinito reverberará dentro de você enquanto a sabedoria o abre para as tradições sagradas. É aí que o rio da verdadeira cultura corre límpido e as harmonias cósmicas podem ser ouvidas. Nesse estado os votos da sua vida podem ser consumados.

88 A Prática da Reciprocidade:
(de 18 Inspiração para 94 Constância ou
de 35 Tempo para 111 Sublimação)
O ato de ouvir a sua inspiração e intuição pode se tornar uma prática espiritual constante. Quando a sua busca passa a ser a verdadeira auto-aceitação, o plano divino para a realização humana se abre para você. Reciprocidade é retribuir a Deus a dádiva da vida por meio da criatividade e de uma vida nova. Ouvir os ciclos ressonantes da natureza pode elevar você a estados sublimes de inspiração. Quando praticar conscientemente esse "ouvir", a auto-aceitação e a reciprocidade, você transcenderá o tempo por meio da constância.

89 Amor Ressuscitado:
(de 21 Amor para 88 Essência ou
de 41 Energia para 108 Ressurreição)
Por meio do amor, a sua visão se expande com clareza. O amor não é cego, ele é a realização da imagem humana concedida por Deus por meio do corpo cósmico. A empatia por meio do corpo cósmico lhe fará sentir a unidade com toda a vida senciente. Use a luz e os padrões das estrelas como uma matriz das idéias seminais para perceber a imagem humana como amor cósmico. O que nos tempos antigos era sacrifício (tornar sagrado) agora é a disposição para ajudar no despertar da humanidade. Quando você transformar energia em essência, essa disposição transmutará o sofrimento e a alma humana ressuscitará.

90 Encarnação Responsável:
(de 22 Desejo para 86 Destemor ou
de 43 Inércia para 107 Responsabilidade)
Todo o seu processo de incorporação no fluxo da vida está sendo transformado. Tendências perniciosas estão se transformando em redenção intrépida e responsiva. Para dar prosseguimento a esse processo, perceba como os seus desejos criaram a sucessão de encarna-

ções que o levaram à atual constituição e circunstâncias. Perdoe as acusações e mágoas do passado. Agradeça aos seus ancestrais e incorpore integralmente todas as pessoas e vida senciente ao campo do seu corpo cósmico. Renda-se ao fluxo de energia kundalini através do seu corpo. Enfrente sem medo o passado repleto de resistência e inércia acumulados. Vivencie o fluxo de espaço e realidades superiores. Então novas dimensões se abrirão para você.

91 Verdade Planetária:
(de 24 Sombras para 85 Recordação ou de 44 Direção para 105 Reconhecimento)

Quando encontrar uma direção, recordando-se do propósito da sua vida, você poderá enfrentar as sombras da sua alma e se libertar dos medos imaginários. Sinta esses medos e mergulhe bem dentro deles. Reconheça o que você antes negou e seja receptivo a isso. O medo e a ilusão se dispersarão. Quando transforma a intensidade em entusiasmo, você consegue viver a verdade de modo mais pleno e ajuda a transformar o planeta por meio da radiação do seu ser. Encare as leis da forma como uma geometria sagrada que não é rígida, mas viva e fluida. Você pode ajudar a curar o planeta por meio da transformação da mente, do corpo e da alma.

92 Perspectivas Versáteis:
(de 47 Crescimento para 99 Brilhantismo ou de 30 Razão para 82 Renascimento)

Você está abrindo uma vereda entre a sua mente e o ambiente natural, por meio de longas provações e conflitos consigo mesmo. Quando trabalhar com animais, plantas e os elementos, procure ver luz em todas as formas de vida. Perceba como você pode aproveitar a luz numa ecologia solar. Pare de tentar decifrar as coisas, intensifique a sua percepção e compartilhe o brilhantismo universal. Veja como as provações do passado se tornam passagens que o ligam à humanidade e à natureza por meio da ética. Lembranças do passado são resgatadas por meio da poesia quando você contempla o sentido da vida e encontra maneiras de introduzir na cultura humana tecnologias com base na emissão de luz.

93 Ética Consciente:
(de 32 Pensamento para 81 Iluminação ou
de 48 Consciência para 97 Lampejo Intuitivo)

Quando tomar consciência do impacto causado pelas gerações passadas, você poderá deliberar sobre as possibilidades que têm as gerações futuras. Agora é hora de reconhecer profundamente os seus próprios erros e aqueles das gerações passadas. Isso trará inspiração para o processo de cura. Observe o desequilíbrio das porções feminina e masculina na sua alma, na sociedade e na natureza. Fique atento à integridade de todas as ações e você será iluminado enquanto ocorre o casamento interior. Esse casamento interior contribui para evocar a harmonia social na forma de uma sinarquia. O trabalho social e espiritual que você faz agora, relativo à conciliação dos opostos – dentro do eu e dentro da sociedade – trará grandes benefícios para as futuras gerações.

94 Transformação Social:
(de 59 Revolução para 75 Clareza ou
de 70 Cooperação para 54 Percepção)

Em sociedades competitivas, a vontade é usada para subjugar as outras pessoas. Você pode estar entretido no uso competitivo da vontade ou num sistema em que o controle é exercido por várias autoridades por meio da força. Agora é hora de transformar a vontade própria no verdadeiro poder da vontade de amor, que transmuta as infindáveis revoluções em cooperação. A sua percepção pode agora ficar mais clara. Use a tecnologia como um meio e não um fim. Crie um sistema em que a contribuição de todos é recebida como um presente valioso para o benefício do todo.

95 Individuação:
(de 56 Integração para 69 Individualidade ou
de 60 Regeneração para 73 Androginia)

Quando mergulhar fundo na integração das polaridades que existem dentro de você, você perceberá a androginia da sua natureza interior. O equilíbrio entre masculino e feminino na sua alma e nos relacionamentos pode revelar êxtase e pureza. A regeneração e as novas formas sociais vêm à tona por meio das expressões fortes e confiantes dos indivíduos que apresentam esse equilíbrio interior.

96 Modo de Vida Correto:
(de 66 Devoção para 62 Criatividade ou
de 67 Construção para 63 Serviço)

Quando combina uma criatividade despretensiosa com serviço à humanidade, você está praticando o modo de vida correto da Antiga Terra. Quando a criatividade aos poucos se tornar uma construção consistente da Nova Terra, você perceberá que o serviço se tornou pura devoção. A devoção é amor ardente e fé em ação. Seja devotado e construa de acordo com as suas visões.

97 Doação Voluntária:
(de 64 Liberdade para 65 Doação)

O caminho para a liberdade é longo, mas você merece trilhá-lo. O que você fará com essa liberdade? Não se trata de se libertar de alguma coisa específica, mas sim das realidades que o cercam. É a liberdade de ser um com toda a vida. Quando percebe essa unidade profunda, você pode iniciar aspectos da cultura Nova Terra oferecendo os seus dons. Esse dar de si abre a porta para que você usufrua da sua liberdade na Nova Terra. Dê aos outros o que você não usa mais. Ofereça o seu amor, a sua percepção e a sua mão-de-obra. Esse espírito de doação desperta a Luz-Amor.

Planos entre a Antiga Terra e a Nova Terra
(*Eixo Horizontal*)

98 Compaixão Iniciatória:
(de 1 Eternidade para 107 Responsabilidade ou
de 22 Desejo para 128 Compaixão)

O início de um processo criativo na Antiga Terra pode aproximá-lo da plenitude espiritual na Nova Terra. Você pode agora transformar uma noção míope de desejo numa capacidade ampla para responder. Isso vai depender da sua intenção bem definida de permanecer com as fontes, a unidade do puro ser. Centre-se a todo momento e sinta a ligação com todos os seres sencientes em todos os lugares. A eternidade brilhará por meio da sua compaixão.

99 Clarificação Anímica:
(de 3 Fogo Espiritual para 105 Reconhecimento ou
de 126 Luminosidade para 24 Sombras)

A verdadeira visão ocorre como resultado de práticas espirituais que expurgam o karma e o sofrimento. Responda com flexibilidade aos impulsos espirituais da intuição. Reconheça qualquer coisa que você tenha temido ou negado no passado. Perdoe-se e deixe para trás toda a culpa que tenha jogado sobre os seus próprios ombros ou aquela que projetou sobre outras pessoas ou sobre si mesmo. Você agora pode vislumbrar a luz de um novo alvorecer.

100 Planejamento da Paz:
(de 9 Orientação Interior para 99 Brilhantismo ou
de 120 Paz para 30 Razão)

Lance mão de modelos, planos e desenhos para incorporar a sabedoria que você adquiriu ao longo dos anos. Com coragem você pode agora perceber qual parte do plano divino está semeado dentro de você. O seu raciocínio pode ser permeado com *flashes* de brilhantismo. Perceba que esse brilhantismo é uma dádiva divina que você pode retribuir com o interesse criativo com o qual foi abençoado. À medida que compartilhar os seus vislumbres intuitivos do plano divino com outras pessoas, você trará paz para a Nova Terra.

101 Transmissão Poética:
(de 11 Ordem para 97 Lampejo Intuitivo ou
de 118 Harmonia para 32 Pensamento)

Confie nas vertentes culturais que se originam na sabedoria perene. Ofereça o melhor de si em cada situação e antigos conflitos darão lugar à auto-aceitação. Dê de si mesmo com toda sinceridade. Deixe as lembranças vívidas da intenção não-satisfeita emergir na forma de intuição, significado e poesia. Deixe que a sua poesia se mostre ao mundo, pois ela é a expressão da nova cultura perene.

102 Verdade Audível:
(de 33 Vórtice para 75 Clareza ou
de 96 Corrente Sonora para 54 Percepção)

A ressonância do universo se apresenta na forma de hologramas. Você já percebeu esse fato e agora precisa abrir mão de qualquer identificação com formas ou idéias específicas. Ouça as vibrações, as qualidades, como o som da verdade dentro de toda forma. Perceba que os conflitos com relação a si mesmo surgem do apego a idéias e objetos. Reavalie a sua vida, a partir do ponto de vista de quem vive a própria verdade. Assim a sua percepção se transformará na simples clareza do que é.

103 Poder Regulador:
(de 35 Tempo para 73 Androginia ou
de 94 Constância para 56 Integração)

Quando você integra as polaridades dentro de si com constância, a vontade própria transforma-se em poder por meio da vontade amorosa. Concentre-se e você ficará radiante. À medida que tenta superar os obstáculos e dificuldades, você encontrará uma vereda aberta que o levará a viver a verdade. Os processos graduais no tempo e no espaço são caminhos para transcender a limitação. Peça orientação e direção ao Divino e a sua vida se tornará um fluxo constante de fortalecimento.

104 União Construtiva:
(de 41 Energia para 67 Construção ou
de 88 Essência para 62 Criatividade)

Implementando a ecologia solar, você pode transformar a enfadonha uniformidade do mundo moderno num planeta radiante. A tecnologia apropriada pode servir como meio para unir as nações num produtivo trabalho conjunto. Você talvez trabalhe com luz e cores. Purifique-se e a essência rarefeita do seu corpo de luz contribuirá para a elevação da consciência social. Os clãs de antigamente estão se tornando uma sinarquia intercultural e inter-racial.

105 Transformando a Inércia:
(de 43 Inércia para 65 Doação ou de 86 Destemor
para 64 Liberdade)

Quando você faz com que os paradigmas da Antiga Terra se manifestem, eles se tornam uma base para a cooperação e para a doação. Supere a sua resistência com relação à severidade e a defesa enfrentando o que teme. Quando se lembrar de quem você é, a sua individualidade lhe dará a confiança necessária para cooperar com os outros. Você não tem nada a temer quando vive a sua verdade. Ilumine a sua consciência e perceba que a liberdade de dar é a dádiva da verdadeira liberdade.

Planos entre a Antiga Terra e a Nova Terra
(Eixo da Essência)

106 Ressurreição da Alma:
(de 21 Amor para 105 Reconhecimento ou
de 108 Ressurreição para 24 Sombras)

Você sabe que a essência da sua alma é amor, mas a sua visão ainda é nublada pelas sombras. Isso impede você de viver com base na essência da sua alma. Reconheça o que você negou no passado e ressuscite a sua alma para as suas fontes de amor. Você pode fazer isso confiando no amor e abrindo o coração. Não se negue a sentir a dor e ela se dissipará completamente.

107 Perdão Espiritual:
(de 18 Inspiração para 99 Brilhantismo ou
de 111 Sublimação para 30 Razão)

Você só pode articular as suas mais elevadas inspirações quando a sua alma não carrega mais culpa nem projeção. Quando você perdoa a si mesmo e aos outros pelas mágoas do passado, o brilhantismo da sua unidade coração-mente brilha na sua alma, iluminando a sublimidade do espírito. A sua vida se torna mais perfeita quando você é capaz de distinguir o verdadeiro do falso e mesmo assim perdoar.

108 Receptividade Intencional:
(de 17 Intenção para 97 Lampejo Intuitivo ou
de 112 Consumação para 32 Pensamento)

O seu espírito e a sua mente podem agora se tornar uma coisa só. Isso significa que você terá uma visão tão cristalina quanto o reflexo do céu e das montanhas na superfície de um lago. Mergulhe nas profundezas da vida por meio da sua receptividade e aceite o sofrimento da humanidade. Ele será então consumido pelo fogo da intuição e da visão penetrante. Isso é como ver o Sol do fundo de um lago tranqüilo, brilhando através das águas da vida.

109 Família Espiritual:
(de 6 Ovo Cósmico para 75 Clareza ou
de 123 Unidade para 54 Percepção)

Você se lembrou de que o seu verdadeiro potencial lhe foi transmitido pelos seus ancestrais. Dê significado a essas lembranças e elas se tornarão poesia. Isso o despertará para a unidade de todos os seres. A clareza ativa a compreensão empática. Procure colocar em prática as idéias que lhe ocorrem por meio da intuição. Incorpore muitos tipos de pessoas, culturas e idéias às suas práticas e celebre a unidade por meio da diversidade da vida. Toda a humanidade é uma única família espiritual.

110 Ser Realizado:
(de 5 Fonte para 73 Androginia ou
de 124 Existir para 56 Integração)

A plenitude na imagem humana concedida por Deus consiste em viver cada minuto intensamente. Você pode acessar o infinito por meio da dança divina do masculino e do feminino interiores. Seja. Permaneça no centro do seu ser enquanto todos os medos e reações negativas irrompem dentro de você. Depois disso o seu ser conseguirá curar as outras pessoas e realizar o pleno potencial do ser humano. Emanações desse modo de ser irrestritamente extasiante tocarão muitos outros.

111 Poder Criativo:
(de 2 Olho Divino para 67 Construção ou
de 62 Criatividade para 127 Em Todo Lugar)

Quando ampliar o seu poder pessoal, você entrará em sintonia com o plano divino. Você multiplicará e retribuirá as dádivas com as quais tem sido abençoado. O conflito consigo mesmo é visto como uma oportunidade de despertar para o potencial da sua criatividade construtiva. Supere o conflito sendo forte porém flexível, na sua verdade. Você terá uma perspectiva divina e o seu corpo ganhará fluidez e bem-estar.

112 Verdade Eterna:
(de 1 Eternidade para 65 Doação ou
de 64 Liberdade para 128 Compaixão)

Essência pura está permeando o seu ser. Você percebeu que não cumprirá o seu objetivo de conquistar a liberdade evitando os problemas e as questões não-resolvidas. Só quando aceitar e superar esses desafios a compaixão libertará você. Quando viver a verdade, em vez de meramente racionalizá-la, as leis cósmicas serão vistas como um modelo pelo qual a liberdade pode ser vivenciada. Do contrário a lei é vista como regras restritivas. Permaneça em equilíbrio em qualquer situação e a eternidade falará por meio da voz da sua consciência. Quando você vive a verdade, o êxtase é encontrado na pureza e a pureza no êxtase.

113 Tecnologias Multidimensionais:
(de 3 Fogo Espiritual para 66 Devoção ou
de 126 Luminosidade para 63 Serviço)

A sua busca revelou a coragem que teve ao combinar espiritualidade com a vida mundana, pois isso causou muitas dificuldades. Essa compreensão pode agora ser aplicada nas tecnologias da Nova Terra, as quais podem abrir portas para a percepção da iluminação espiritual de muitas pessoas. Continue se dedicando às pessoas na vida diária e renda-se às forças espirituais que agem por seu intermédio. A realização mais profunda é descoberta quando se fortalece as outras pessoas por meio da própria presença.

114 Novas Formas Culturais:
(de 9 Orientação Interior para 69 Individualidade ou
de 120 Paz para 60 Regeneração)

Tribos e clãs estão se reunindo e se reagrupando. É importante que você siga a sua orientação com relação à mudança cultural não-exclusivista. Formas antigas estão se transformando. Quando despertar com mais confiança para a verdadeira individualidade, você entrará em sintonia com a sabedoria perene presente ao longo das eras de história. Uma ordem mais elevada de uma nova cultura é agora possível. Você pode ajudar a concretizar novas formas de governo e de organização social. Confie na harmonia inerente do universo e a humanidade estará mais próxima de um mundo de paz. A paz só pode ser mantida por um povo pacífico.

115 Mudanças de Paradigma:
(de 11 Ordem para 70 Cooperação ou
de 118 Harmonia para 59 Revolução)

A mudança social pode ocorrer por meio de uma revolução ou por meio da cooperação. A mudança revolucionária geralmente é um ato de força baseado na competição e na manipulação. A cooperação pode ser um intercâmbio dinâmico e todo-abrangente de diferentes qualidades, nações e raças. Entre em sintonia com um espectro amplo de ordem e harmonia na sociedade e na natureza. Desse ponto de vista mais amplo, sinta como as mudanças aparentemente dissonantes se tornam harmoniosas. Os conflitos e a resolução de conflitos fazem parte do drama que acompanha a mudança social, natural e espiritual. Observe e ouça com olhos e ouvidos bem abertos e você acabará fluindo com as novas ordens de harmonia além das possibilidades imaginadas.

116 Consciência Expandida:
(de 33 Vórtice para 81 Iluminação ou
de 96 Corrente Sonora para 48 Consciência)

Você se ligou profundamente com as fontes da natureza para comungar com os espíritos do planeta, das estrelas e de toda vida. Agora você pode ir além do panteísmo e viver uma iluminação maior em sua consciência. A luz e o som são linguagens vibracionais. Os espíritos da natureza conhecem essas linguagens. Concentrando-se num único ponto dessas linguagens vibratórias você pode curar o planeta. Nesse todo você contemplará a sua radiância e ouvirá a corrente sonora cósmica.

117 Constante Revivificação:
(de 35 Tempo para 82 Renascimento ou
de 94 Constância para 47 Crescimento)

Ao aceitar a encarnação, você penetrou na densidade da vida terrena e integrou-se aos ciclos temporais de crescimento e decadência. Por meio da mudança, você pode manter a constância. Seja leal a si mesmo e domine o tempo. Isso transformará o tempo em constância. Reúna pessoas e essências da sua vida que precipitarão um renascimento do ser. Extraia os elixires do sopro divino em cada pedra, planta e animal e concentre a energia no renascimento da vida na Terra.

118 Energética do Corpo de Luz:
(de 41 Energia para 85 Recordação ou
de 88 Essência para 44 Direção)

Energia é a dádiva da natureza que você utiliza em seu corpo para executar os trabalhos e atividades do seu interesse. As maneiras pelas quais você canalizou essa energia proporcionaram a base a partir da qual você agora pode entrar em contato com a sua essência espiritual. Lembre-se de quem você é e que a sua alma é essencialmente imortal. Quando o seu corpo passar por uma aceleração no nível celular, você será capaz de se lembrar da essência eterna do seu ser e se libertar do que é velho e ultrapassado. O seu DNA também pode passar por uma transformação e apresentar uma vibração superior.

119 Mudança Destemida:
(de 43 Inércia para 86 Destemor)
Tudo o que você negou fez de você uma pessoa inerte e incapaz de mudar de direção. Quando enfrentar os seus medos, as suas sombras e qualquer ser que tenha negado, você se tornará destemido. Com destemor você será capaz de progredir e viver de fato o seu destino.

Planos entre a Antiga Terra e a Nova Terra
(Eixo Vertical)

120 Transformação Ressonante:
(de 1 Eternidade para 86 Destemor ou
de 43 Inércia para 128 Compaixão)
A fonte eterna de orientação se abre para você quando o fogo espiritual se acende interiormente. Entre em sintonia com as harmonias do universo expressas por meio da cor, do som e da forma e você ouvirá a música das esferas. Faça da constância uma aliada e mergulhe nas profundezas da inércia transmutando energia em essência. Enfrente toda resistência com destemor e você se tornará iluminado. O poder da compaixão cura todos os seres sencientes. Fique em paz.

121 Confiança Ressonante:
(de 2 Olho Divino para 85 Recordação ou
de 127 Em Todo Lugar para 44 Direção)
No passado, você teve coragem para beber da fonte da sabedoria perene. Agora pode confiar que as raízes da tradição sagrada darão novos brotos. Você pode perceber as fundações da cultura da No-

va Terra por meio da concentração, da arte de ouvir e da confiança. Lembre-se do seu verdadeiro propósito e inspire Luz-Amor. Reúna pessoas e essências para facilitar o ancoramento de freqüências mais elevadas no plano terreno. Transforme a densidade da Antiga Terra com o brilho da Luz-Amor. Isso resultará em sabedoria perene.

122 Flexibilidade Planetária:
(de 5 Fonte para 82 Renascimento ou
de 124 Existir para 47 Crescimento)

Quando morre para o velho, você vive o renascimento que traz mais radiância ao planeta. Busque e investigue até atingir a aceitação do verdadeiro eu. Permaneça em equilíbrio e a sabedoria o alçará nas asas do puro ser. Isso lhe tornará capaz de aplicar os seus dons no trabalho prático e planetário. Flua com o processo e as idéias seminais de muito tempo atrás despertarão você para a espiritualidade prática. O fluxo aumenta a sua flexibilidade à medida que você nasce e renasce indefinidamente. Assim você descobrirá que esse espaço é um contexto para o movimento.

123 Consciência Recíproca:
(de 6 Ovo Cósmico para 81 Iluminação ou
de 123 Unidade para 48 Consciência)

A consciência é transformada quando você dá forma ao plano divino. Com consciência desperta você pode abastecer-se no potencial infinito das fontes espirituais. Quando a consciência se tornar iluminada, você saberá como se render às transformações que estão ocorrendo dentro de você. A fonte divina concede a vida e a sustenta. Perceba as leis espirituais da reciprocidade e faça oferendas. Se você doá-las com compaixão, essas oferendas repercutirão pelos reinos espiritual e natural. Por meio da reciprocidade, você encontrará a unidade.

124 Cooperação Intencional:
(de 17 Intenção para 70 Cooperação ou
de 59 Revolução para 112 Consumação)

Futuramente, a sua intenção, o seu propósito e os votos que fez para esta vida acabarão por realizar o potencial da imagem humana e consumarão a sua vida. Você enfrentou muitas provações no passado com seus ancestrais, conflitos legais, revoluções sociais e cataclismos culturais. Você viu os limites da cultura da Antiga Terra. Quando começar a viver a verdade, as provações começarão paradoxalmente a abrir portas para a cooperação e para a sinarquia (harmonia social). A empatia com todos os seres sencientes expandirá a sua experiência dos sistemas corporais na vastidão do corpo cósmico. Isso fará com que as imagens humanas acabem por se tornarem a imagem do divino. Exercite a intuição como prática espiritual e você expandirá a sua percepção consciente da verdade. A sua intenção, o seu propósito e os votos que fez para a sua vida serão então consumados.

125 Incorporação Ética:
(de 18 Inspiração para 69 Individualidade ou
de 111 Sublimação para 60 Regeneração)

A energia vital e a intensidade da sua vida são transmitidas por meio da inspiração e do código genético. Se transformar a intensidade em entusiasmo, você se sentirá mais fortalecido. Use essa força para inspirar as pessoas de uma sociedade uniforme a acessar e utilizar formas inovadoras de uma tecnologia de ponta. Quando aplicada da maneira apropriada, a tecnologia é um processo que pode propiciar a passagem do conflito consigo mesmo para o uso correto da vontade. A confissão verdadeira pode lhe franquear a sintonia com o divino. Da perspectiva divina, a incorporação tecnológica pode ser implementada. Desse modo o sofrimento pode ser transformado em sublimidade.

126 Casamento Interior:
(de 21 Amor para 66 Devoção ou
de 108 Ressurreição para 63 Serviço)

A vontade tem sido usada para superar a dor e a raiva provocadas por um amor perdido. A verdadeira cura está na realização do todo dentro de si mesmo. Dedique-se ao casamento das suas porções masculina e feminina. Interrompa as projeções imaginárias da realização fora de si mesmo. Dedique-se ao processo de purificação e você perceberá a poesia da sua alma. Nesse ínterim, você pode se perdoar pelos erros que cometeu no passado. Isso pode transformar obstinação em poder verdadeiro. As velhas feridas da alma podem ser curadas por meio do verdadeiro fortalecimento do eu. Ressuscite a alma por meio do amor e você pode ser um regente da nova ordem socioespiritual.

127 Liberdade Responsiva:
(de 22 Desejo para 65 Doação ou
de 107 Responsabilidade para 64 Liberdade)

Quando as suas sombras interiores são negadas, a sua alma não consegue perceber que você está sendo impulsionado pelos desejos e não tem capacidade de responder livremente à vida. Use a sua percepção para investigar profundamente a sua alma. Com essa clareza recém-conquistada a razão resplandecerá com brilhantismo, iluminando as sombras da sua alma. Você começará a vivenciar a liberdade e a criatividade. A liberdade responde à vida, em vez de fugir dela. Por meio da criatividade voluntária você pode construir a cultura da Nova Terra. O desejo de doar o que você tem de melhor à vida como um todo se realizará quando tiver liberdade para responder.

128 Eternidade Abrangente:
(de 1 Eternidade para 128 Compaixão)

Em sintonia com o eterno, você se funde com a fonte de todos os universos, a inesgotável fonte que nutre e sustenta todos os mundos. Enquanto você trilha os inumeráveis caminhos da vida, essa fonte eterna torna-se o poder transmutador da compaixão. Deixe que a compaixão permeie a essência do seu ser e você será capaz de transformar os venenos do mundo num remédio que rejuvenescerá a Terra. Assim as águas terapêuticas da compaixão fluirão livremente da fonte eterna da vida.

129 Responsabilidade Jubilosa:
(de 22 Desejo para 107 Responsabilidade)

O desejo é o impulso necessário para que o espírito possa se manifestar na forma. No entanto, o desejo também pode criar separação entre você, como sujeito, e o outro, como objeto. Encarar o outro como um objeto fatalmente acabará em frustração e causará dor e raiva. É impossível possuir o que você deseja. O desejo em sintonia com o amor pode servir como um guia para a manifestação da sua sobrevivência e existência. Quando o desejo se separa do amor, os seus desejos se tornam um vício, pois você se prende aos resultados em vez de manter a comunhão com a fonte. A capacidade de responder livremente à vida é cultivada quando você reconhece o poder do desejo e mesmo assim não se apega aos resultados. Transforme o desejo em responsabilidade e trilhe um caminho mais leve, amplo e cheio de alegria.